입에서 나오는 것들은
마음에서 나오나니
이것이야말로
사람을 더럽게 하느니라
(마 15:18)

인성교육 강사 이기학 목사의 교정사역 이야기

그 말,
책임질 수
있는가

이기학 지음

JC커뮤니케이션

당신의 자녀도 교도소 문 앞에 서 있을 수 있다

부모님들의 행복이 무엇일까?

자녀들이 바르게 자라는 것, 어떤 곳에 있든지 그곳에서 귀하게 쓰임 받는 것, 특히 자신의 사명을 발견하고, 하나님의 자녀로서 온전한 모습으로 사는 것을 바라고 기대한다. 그런데 중요한 것은 기대가 클수록 자녀 앞에서 바르게 행동을 해야 한다는 것이다.

15년 전 부산에서 아들이 아버지를 살해한 사건이 있었다. 아들은 박사로 유학까지 다녀온 유학파였다. 사회적으로는 박사이고, 안정된 직장도 있었다. 아버지는 기업의 이사로 경제적으로도 여유로웠다. 교회에서 아버지는 장로이고, 어머니는 권사로 오랜 시간 신앙생활을 해왔다. 남들이 볼 때는 다복하고 안정된 가정, 어쩌면 부러움의 대상이었을지도 모르겠다. 그런데 아들이 술 한잔하고 아버지를 살해한 것이다. 아들은 무기징역을 받았다. 아들이 수감 생활을 하는 중에 어머니이신 권사님이 아들의 상담을 요청했다. 아들을 상담하면서 아버지를 죽인 이유를 알게 되었다.

아버지는 장로와 이사로 많은 사람의 존경을 받았지만, 집에서는 폭군이었고, 악마였다고 한다. 교회에서는 정말 믿음의 사람처럼 보였지만 집에 와서는 목사님과 성도들의 험담을 늘어놓았다. 어쩌다 자기가 조금이라도 실수하면 말로 표현할 수 없는 욕과 폭행을 했다는 것이다. 그뿐만 아니라 집에서 수시로 술을 마시며 엄마에게도 말로 다 할 수 없는 폭언과 구타를 했다는 것이다. 그래서 자신은 아버지를 죽인 것이 아니라 악마이고 사탄인 괴물을 죽인 것이라고 했다.

자녀는 부모의 입에서 나오는 말로 인해 가치관을 결정한다. 그뿐만 아니라 부모의 뒷모습을 보면서 인생을 배우고 자신의 미래를 생각한다. 모든 부모가 자녀들이 잘되기를 간절히 바라고 있다. 그런데 자녀들의 눈에 보이는 부모의 모습은 어떠한가!

가출한 청소년들이 집에서 나온 이유는 한마디로 숨을

쉴 수가 없어서라고 한다. 폭언하는 부모가 있는 집의 자녀는 인지능력이 떨어지는 경우가 많다. 교도소에 있는 수용자 중에 끔찍한 범죄 행위를 하거나 강력범 혹은 문제 수일수록 어린 시절 부모님으로부터 폭언과 폭행에 시달린 사람이 많다. 그들은 마음에 폭탄을 하나씩 가지고 살아간다.

부모의 행동은 곧 자녀의 미래가 된다. 자녀들의 행복과 불행은 가정에서 시작이 된다. 자녀들이 행복하고 바르게 살기를 바란다면 바르게 말하고 바르게 행동해야 한다. 부모가 먼저 하나님 앞에서 바르게 살아야 할 것이다.

부모로서 당신이 하는 폭언과 폭행은 자녀가 교도소로 향하도록 등을 떠미는 것임을 잊지 말아야겠다. 당신의 자녀가 교도소 문 앞에 서 있을 수 있다는 사실을 분명히 기억해야 한다.

그리고 부모로서 우리의 모습을 돌아봐야겠다. 아니 부모 이전에 하나님의 자녀로서 바르게 살고 있는지 먼저 생각해 보는 시간이 되었으면 좋겠다.

이기학 목사

할렐루야!

사랑하는 이기학 목사님의 20여 년 교정사역을 진솔하게 이야기한 책이 출간되어 너무나 기쁘며 하나님께 감사드립니다.

이 목사님이 농촌의 사역지로 내려가기 전에 교회를 방문해서 이런 말을 한 적이 있습니다. "'목회 성공'이라는 말을 굳이 해석한다면 하나님의 소명 받은 자로서, 하나님이 예비하신 목양지에서 즐거움으로 사명을 감당하는 것이 아니겠습니까" 하는 것이었습니다. 농어촌이든 특수사역이든 어디서라도 맡은 사역을 즐거움으로 감당하는 목사님을 존경합니다.

저도 교정사역을 시작한 지 20여 년이 넘었습니다. 처음에는 제가 이 목사님을 교정사역으로 초청했는데 지금은 저보다 훨씬 많은 사역을 감당하는 것을 보고 늘 감사하고 있습니다. 그러나 건강을 잘 돌보지 못하고 다니는 모습을 볼 때, 수용자들에게 따뜻한 사랑을 전하고 싶은데 여건이 안 되어서 기도 요청하는 모습을 볼 때면 안타까운 마음이 들기도 합니다.

이 책은 오랜 시간 흘린 땀과 눈물이 녹아 있는 살아있는 기록입니다. 많은 분이 읽고 담 안에 있는 형제와 자매들을 이해하고, 수고하는 교정공무원들의 노고를 헤아리는 계기가 되었으면 합니다. 또한 교정사역을 이해하고 그것을 위해 애쓰는 분들을 위해 기도와 사랑으로 동역하는 분들이 많이 생겨났으면 좋겠다는 바람을 가져봅니다.

사랑하는 이기학 목사님이 이 사역을 열심히 잘 감당하시기를 기도하며 응원합니다.

이주형 목사(오정성화교회 담임)

‑‑‑‑◦⟨⟩◦‑‑‑‑

재소자 선교에 더 많은 관심과 헌신이 이루어지길 …

이기학 목사님은 갇힌 자를 돌아보라는 말씀에 순종해 지난 20년 동안 전국의 모든 교도소를 다니며 사역해 오셨습니다. 그리고 이에 대한 생생한 간증을 지난 약 20년 동안 포항극동방송의 '아름다운 고백' 프로그램을 통해 방송 가족들과 나눠오셨습니다.

이번 책 발간을 계기로 한국교회 내에 재소자 선교에 더 많은 관심과 헌신이 이루어지길 간절히 바라며 기쁜 마음으로 추천합니다.

김장환 목사(극동방송 이사장)

교도소 목사, 이 땅에서 제일 큰 교회를 시무하시는 교도소 목사님의 설교, 가장 아픈 이들의 아름다운 고백을 통해서 하나님이 역사하심을 보여주시는 진정한 고백이 담긴 보물이다.

황용진 장로(전 포항극동방송 초대 지사장, 제주매일 부회장)

이기학 목사님은 평생을 재소자 교정·교화를 위해 헌신하신 분입니다. 주로 청송교도소 재소자들을 위해 활동해 오셨지만, 전국에 있는 많은 교도소에서 복음을 전하고 어려운 처지에 있는 이들에게 큰 힘이 되어 주신 분입니다.

사회에서 범죄자들을 바라보는 눈은 차갑고 냉정합니다. 그들을 교정·교화하는 교도관이나 교정위원들도 형식적인 관심에 그칠 때가 많지만, 이 목사님은 언제나 진실하게 재소자를 대하고 사랑하는 분입니다. 목회 일로, 방송 일로 매우 바쁜 생활에도 재소자나 출소자에 관한 일이라면 열 일 제쳐두고 달려가는 분입니다. 목사님은 지난 20여 년 동안 재소자들의 영혼 구원을 위해서 설교, 성경공부, 자매결연, 성경필사 운동, 아버지학교, 문제수 상담 등 교도소 내 각종 프로그램을 주관해서 많은 열매를 거두셨습니다. 특히 포항 극동방송국에서 지난 2002년부터 지금까지 '아름다운 고백'이라는 교정 전문 방송프로그램을 진행해오면서 범죄자 교화와 관련된 수많은 감동적인 사연과 봉사자들을 소개하여 교정행정의 발전은 물론 우리 사회를 밝게 하는 데 큰 역할을 하셨습니다.

이 목사님께서 그간 교도소 사역을 통해서, 그리고 극동방송 아름다운 고백을 통해서 경험한 소중한 이야기들을 한 권의 책으로 발간하신 것을 진심으로 축하드립니다.

목사님께서 어떻게 교도소 사역을 하게 되었는지, 또한 이 시대의 소위 문제 수용자들이 성경 말씀으로, 예수님의 복음으로 어떻게 변화되었는지를 생생하게 전달해주고 있습니다. 그리고 극동방송 교정 전문 프로그램을 통해서 그간 생소했던 교정선교를 사회에 알리는데 애쓰신 노력과 그 과정 등을 상세히 소개하고 있습니다. 특히 오갈 곳 없는 출소자들을 위한 쉼터를 마련하기 위하여 배신을 당하면서도 포기하지 않고, 오직 하나님의 사명에 순종하는 마음으로 마침내 아파트 쉼터를 마련하는 모습은 대충대충 신앙생활하고 있는 많은 크리스천에게 깊은 울림과 반성을 주고 있습니다.

지금도 목사님은 재소자들이 진정으로 변화되기 위해서는 회개, 용서, 섬김이 있어야 하며, 천국에 대한 확실한 신앙이 있어야 한다고 선포하고 있습니다. 무엇보다도 그간의 교정선교 경험을 통해서 우리 입에서 나오는 말이 우리 인생과 신앙을 결정하므로, 신중하게 말할 것을 권면하고 있습니다.

오늘도 하나님만 바라보고, 재소자에 대한 끝없는 사랑으로 교도소로 가고 계시는 목사님께 하나님의 사랑이 항상 함께하시기를 기도합니다.

김안식 교수(백석대 교정보안학과, 전 안양교도소장)

목 · 차

1부

생명을 전하는 곳으로

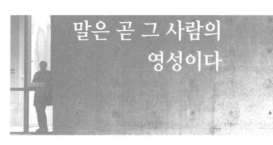

말은 곧 그 사람의 영성이다

하나님은 말씀으로 만물을 창조하셨고, 창조하신 만물을 다스리신다.

"모든 세계가 하나님의 말씀으로 지어진 줄을 우리가 아나니"(히 11:3)

하나님의 형상으로 지음을 받은 사람에게 만물을 다스리도록 허락하셨고, 능력과 은혜를 주셨다. 그 은혜는 바로 언어이다. 우리는 야고보서 3장 6절에서 8절을 통하여 혀의 위력을 잘 알 수 있다.

"혀는 곧 불이요 불의의 세계라 혀는 우리 지체 중에서

온 몸을 더럽히고 삶의 수레바퀴를 불사르나니 그 사르는 것
이 지옥 불에서 나느니라 여러 종류의 짐승과 새와 벌레와 바
다의 생물은 다 사람이 길들일 수 있고 길들여 왔거니와 혀
는 능히 길들일 사람이 없나니 쉬지 아니하는 악이요 죽이는
독이 가득한 것이라"(약 3:6-8).

잠언 12장 14절에는 "사람은 입의 열매로 말미암아 복
록에 족하며 그 손이 행하는 대로 자기가 받느니라"라고 말
씀한다. 또한 민수기에는 "그들에게 이르기를 여호와의 말씀
에 내 삶을 두고 맹세하노라 너희 말이 내 귀에 들린 대로 내
가 너희에게 행하리니"(민 14:28)라고 말씀하고 있다.

사도바울은 로마서에서 이렇게 권면 한다.

"네가 만일 네 입으로 예수를 주로 시인하며 또 하나님
께서 그를 죽은 자 가운데서 살리신 것을 네 마음에 믿으면
구원을 받으리라 사람이 마음으로 믿어 의에 이르고 입으로
시인하여 구원에 이르느니라"(롬 10:9-10).

말은 모든 것에 놀라운 영향력을 미친다. 말로 인하여 마

음의 평안을 얻고, 고통을 받기도 한다. 관계를 발전시켜 아름다운 관계가 되기도 하지만 관계를 악화시키거나 단절시키기도 한다. 말은 사람과의 관계에 영향을 주는 것뿐만 아니라 하나님과의 관계에도 영향을 미친다. 경배와 찬양하는 말, 순종하는 말을 통하여 하나님의 자녀 됨을 드러내기도 하지만 불순종과 거짓의 말을 통하여 죄인의 속성을 드러내기도 한다. 그래서 말은 곧 그 사람의 영성을 반영한다고 할 수 있다.

하나님은 사람에게 창조하신 것을 다스릴 수 있도록 권세를 주셨다. 창세기 2장 15절에는 에덴동산에서 아담이 해야 하는 일을 말씀하고 있다. 하나님이 주신 곳을 경작하고 지키는 일이다.

"여호와 하나님이 그 사람을 이끌어 에덴 동산에 두어 그것을 경작하며 지키게 하시고"(창 2:15)

여기서 경작한다는 것은 하나님께서 허락하신 에덴동산을 잘 관리하고 보호하는 것을 의미한다. 사람은 어떤 환경이든지 그 환경을 잘 관리하고 보호하여 하나님 보시기에 아름다운 곳으로 만들어야 하는 의무가 있는 것이다. 그 일을 위해 능력을 주셨다.

우리는 하나님께서 주신 이러한 선물을 잊어버리고 산다. 내 감정에 따라 말을 함부로 하고, 주신 환경을 가꾸고 보호하기보다는 내 마음대로 사용하여 파괴하는 것에 익숙하다. 그것은 주신 것에 감사가 없기 때문이다. 감사가 없기에 원망하고 불평으로 가득하다. 이러한 질서의 파괴는 가정에서도 나타난다. 사랑 위에 세워져야 하는 가정이 무너지고 있다. 부부의 관계가 틀어지고 자녀를 양육하는 데도 등한시한다. 한 가정의 문제를 넘어서 다음 세대의 미래를 걱정해야하는 상황이 되었다. 마치 죄의 자리로 자녀들을 이끌고 가는 듯한 모습, 잠재적인 죄인을 만들고 있는 듯하다.

다음 세대에게 꿈과 비전을 심어주고 싶다면 부모와 어른의 입에서 나오는 말이 정직해야 한다. 긍정적인 말, 소망의 말을 하며 상대를 이해하고 배려해야 한다. 우리는 모두가 연약한 존재라는 것을 인식하고 서로를 존중하며 사랑으로 대해야 한다. 그래서 행복한 가정과 소망이 있는 미래 그리고 하나님이 기뻐하시는 환경을 만들어 가야 한다. 그것은 우선 바르게 말하는 것부터 시작해야 할 것이다.

다음 세대가
잘 되기를 원한다면

　　"다음 세대를 위해서"라는 슬로건을 내세우는 교회와 청소년 사역자들이 많아지고 있다. 많은 선교단체 사역자와 목회자는 다음 세대를 위해 가정예배가 회복되어야 한다는 말을 자주 한다. 그뿐만 아니라 성경을 많이 읽고 암송하게 하고, 공적인 예배에 참석하도록 해야 한다고 말한다. 그리고 청소년들의 문화적인 활동을 위해 교회의 공간을 만들고, 그들의 재능을 마음껏 펼칠 수 있도록 지원을 아끼지 말아야 한다고 강조한다.

　　과연 이러한 강조점이 다음 세대의 변화에 얼마나 영향을 미칠 수 있을까. 성경 공부를 하고, 예배에 잘 참석하도록 하는 것은 그리스도인으로서 당연한 일이다. 그들에게 공간을 제공하고 재능을 펼칠 수 있도록 기회를 주고 지원을 하는 것도 필요한 일이다. 그러나 우선 되어야 하는 것이 있다. 그것은 부모와 어른들의 변화이다. 자녀는 가까이 있는 부모의 믿음을 보고, 그의 삶을 들여다본다. 예배하는 모습을 보고, 기도하고 헌금하는 모습을 본다. 그뿐만 아니라 운전하는 동안 욕을 하는지, 약속에 늦었을 때 거짓말을 하는지, 업무상 중요한 미팅이 있거나 좋은 모임이 있을 때 예배에 빠지는지 그렇지 않은지를 본다. 보는 것으로 끝나지 않고 그것을 배운다. "윗물이 맑아야 아랫물이 맑다"라는 속담을 아주 잘 알고 있다. 자녀들은 그들이 학습하는 것과 문화를 통해 세상을 배우는 것이 아니다. 가까이에 있는 부모와 어른들의 모습을 통하여 삶의 기초를 쌓는다. 부모의 모습을 통해 자신의 미래를 꿈꾸고 찾아가는 것이다.

부모들은 아이들과 대화하고 아이들의 의견을 존중하며, 이견이 있을 때 조율하는 과정을 거치는가. 아마도 많은 이들이 자기의 생각을 강요하고, 아이들의 의견을 무시하는 경우가 많을 것이다. 그로 인하여 아이들은 마음의 안정과 위로를 받지 못한다. 마음을 나눌 곳이 없고, 의지할 곳이 없어진다. 회사에서 종일 힘들게 일하고 집으로 돌아와서 마음 편하게 쉬고 싶은 것이 어른의 마음이라면, 학교에서 경쟁하며 지친 몸을 이끌고 돌아와 의지하고 기대며 자신의 존재를 발견하고 싶은 것이 아이들의 마음이다. 누구나 마찬가지로 가정은 숨을 쉬고 위로를 얻고 싶은 공간이다. 이러한 공간이 없어지면 아이들이 할 수 있는 것은 없다. 극단적으로는 숨 쉴 곳을 찾기 위해 집을 나가는 것이다.

이 시간에도 아이들은 가출을 생각하고, 그것을 실행하고 있다. 많은 이들이 가출한 학생은 무조건 문제아라고 낙인을 찍는다. 아이들의 입장을 전혀 생각하지 않고, 이해하려는 시도조차 하지 않은 상태에서 자신들의 생각으로 결론을 내리고 확정을 짓는 것이다. 실제로 가출한 학생들과 대화를 해 보면 꿈이 있고, 바라는 소망도 있다. 자신이 무엇을 해야 할지 알고 있는 학생들도 많았다. 그들의 이야기를 들어보면 집에서 나온 가장 큰 이유는 대부분 숨을 쉬며 살고 싶어서였다. 어른들과 대화하고 의견을 나누고 싶어 한다. 부모에게 칭찬받고, 인정받기 원하는 소망, 따뜻한 위로의 말을 듣고 싶은 소망, 누구나 가질 수 있는 지극히 평범한 소망이 좌절되어 집을 나온 아이들이 의외로 많았다. 어쩌면 집을 나온 아이들은 마음이 아픈 아이들일 것이다.

아이들은 이런 말을 한다. "집에 있는 동안은 마음이 불편해요", "부모들은 우리의 말에 귀를 기울이지 않아요", "네가 뭘 아느냐고 해요", "설명도 없이 그냥 무조건 하라고만 해요". 집이 지옥과 교도소 같고, 부모님과 이야기를 하면 숨이 막히고, 목을 두 손으로 조르는 것 같다고 한다. 쉴 곳을 찾아서, 하고 싶은 꿈을 찾아서 그리고 의지할 무언가를 찾아서 그렇게 살기 위해서 나왔다고 하는 것이다.

이 시간에도 약 20만 명의 아이들이 골목을 누비고 다닌다. 마음이 맞는 친구들과 함께 생활하고 있다. 골목에 있는 아이들을 무조건 문제가 있는 아이들로 취급하지 않았으면 좋겠다. 이 아이들은 마음이 아픈 아이들이고, 아픔을 견딜 수 없어 가정에서 나온 아이들이라고 생각했으면 좋겠다.

어른의 시선으로 보면 부모님과 대화가 되지 않는 것이 집을 나갈 정도로 큰 문제인가 싶기도 하다. 하지만 집을 나온 아이들은 무섭다고 한다. 그들은 공포로부터 탈출했다고 말한다. 그러면 왜 집에서 나온 것이 공포로부터 탈출한 것이라고 말했을까? 아이들이 왜 집에서 숨을 쉴 수 없어 나간 것일까? 한마디로 가족 간의 '소통'이 되지 않기 때문이다. 인격체로 생각하고 존중하는 것이 아니라 강제와 강압을 통해 마음대로 움직이려는 소유물로 생각한다는 것이다. 부모는 자녀의 말을 듣고 도와주고, 자녀는 부모의 말을 믿고 미래를 준비해야 하는데 그것이 안 되는 것이다. 부모는 자기의 생각을 고집하고, 자녀는 부모의 말을 불신한다. 서로가 존중하지 않는 상태에서 어떤 의견을 내더라도 그것이 좋게 들릴 리 만무하다. 미래를 향한 전진이 아니라 오히려 퇴보하는 것이다. 대화하지 않는 것이 오히려 관계 유지에 도움이 되는 것이다. 함께 있지만 혼자 있는 것이다.

집을 나온 아이들에게 현실적인 어려움이 닥치는 것은 당연하다. 숨이 막혀 집을 나왔다고는 하지만 막상 할 수 있는 것이 없다. 수중에 있는 돈이 떨어지면 남의 물건에 손을 대곤 한다. 그것이 잘못된 일이라는 것을 알지만 현실적인 문제를 이겨내기에는 쉽지 않다. 이래도 되는가 하는 마음으로 고민하지만 별다른 방법이 없기에 첫발을 들여놓는다. 처음 한 번이 어렵지 반복되면 무감각해진다. 반복된 행동은 아이들을 소년원으로 가게 한다. 상담했던 어떤 아이는 남의 물건에 손을 댄 것이 무슨 잘못이냐고 항변한다. 어른들도 다 그렇게 하지 않느냐고 당당하게 말하기도 한다.

정말 자녀들이 행복한 삶을 살기를 바란다면 먼저 아이들의 말을 들어야 한다. 존중하고 이해하려고 애써야 한다. 그리고 함께 고민해야 한다.

한 연구기관에서 중, 고등학생을 대상으로 언어 습관을 조사했더니 참여한 학생들의 약 73%가 욕이 섞인 말을 했다고 한다. 욕은 상대방의 인격을 모독하는 행위이고, 인격체를 존중하지 않는 태도이기도 하다. 힘으로 누르려는 공격적인 성향을 나타내는 것이다. 즉 '내가 너를 이기겠다'라는 표현일 것이다. 이것은 '너는 아무것도 아니다'라고 무시하는 태도에서 나오는 것이다. 사람은 누구든지 욕을 듣는 순간 감정이 상한다. 그로 인해서 마음에 분노가 싹트고 그것이 자라나서 쌓이면 폭언과 폭력으로 나타난다. 그 폭력의 대상은 상대방일 수도 있지만, 자신을 향할 수도 있다. 자신을 향한 극심한 폭언은 자신을 비하하고, 자신을 향한 극한 폭력은 자살에 이르기도 한다. 부모들은 이러한 욕을 자연스럽게 아이들에게 한다. 부모로부터 욕을 듣고 자란 아이의 내면에는 폭력으로 멍들고 깨진 자아가 자리하게 되는 것이다.

사람은 어떤 환경에서 어떤 말을 듣느냐에 따라서 가치

관이 형성되고 미래의 방향이 설정된다. 욕하고 불평, 불만하며 남의 의견을 무시하는 부모 밑에 있는 자녀의 앞날은 암울하다. 행복한 미래가 아니라 힘든 미래가 있을 것이다. 그래서 좋은 환경과 돈으로 다음 세대를 일으키려 하지 말고, 먼저 어른들과 부모가 할 수 있는 것부터 시작하기를 바란다. 바르게 말하고, 아이들의 이야기를 들어 줄 수 있는 여유부터 가져보자. 무엇보다 아이들을 인격체로 생각하고 존중하는 습관을 갖는 것이 우선일 것이다. 그것은 돈이 들거나 거창한 계획을 세우지 않아도 된다. 그냥 지금 나부터 시작하면 되는 것이다. 결심하고 먼저 변해보자. 아이들은 분명히 부모를 따라서 변해갈 것이다.

당신의 자녀가
교도소에 있다면

모든 부모는 자녀가 잘 되기를 바란다. 누가복음 11장에서 예수님은 자녀를 향한 부모의 마음과 영원한 아버지이신 하나님의 사랑을 말씀하신다.

"너희 중에 아버지 된 자로서 누가 아들이 생선을 달라 하는데 생선 대신에 뱀을 주며 알을 달라 하는데 전갈을 주겠느냐 너희가 악할지라도 좋은 것을 자식에게 줄 줄 알거든 하물며 너희 하늘 아버지께서 구하는 자에게 성령을 주시지 않겠느냐 하시니라"(눅 11:11-13).

그런데 사랑하는 자녀가 죄를 지어 범죄자가 되었다면 어떨까, 그래서 교도소에 있는 신세라면 어떤 마음일까? 아마도 하늘과 땅이 무너지고 삶의 소망이 사라지는 느낌일 것이다. 지금도 교도소에는 많은 사람이 있다. 그들은 왜 교도소에 있는 것일까? '죄를 지었기 때문'이다. 너무나 당연한 이유다. 그렇다면 교도소 안에 있는 사람들은 죄를 지었기 때문에 모두가 악한 사람이라고 말할 수 있을까? 사실 교도소 안의 수용자들과 이야기 하거나, 그 가족들과 상담을 하다 보면 가슴 아프고 안타까운 사연을 들을 때가 많다.

어떤 수용자는 자기 때문에 밖에 있는 자녀의 앞길이 막히지 않을까 염려한다. 초조하고 불안한 마음으로 날마다 하나님께 회개하며 기도한다. 자녀의 삶을 인도해 달라고 하나님께 기도한다고 말한다. 또 다른 수용자는 결혼하지 못한 자녀를 생각하며 눈물을 흘린다. 모든 것이 자신의 탓이라고 생각하기에 그저 가슴을 치며 울 수밖에 없다는 것이다. 어떤 부모는 교도소에 있는 자녀가 이감할 때마다 이감되는 곳 근처에 방을 얻는다. 낮에는 자녀의 옥바라지를 하고 밤에는 교회에서 밤새 울며 기도한다고 한다. 또 다른 부모는 겨울에도 보일러를 틀지 않고 지낸다. 자녀가 교도소의 차가운 바닥에서 잠을 자는데 어떻게 따뜻한 방에서 편하게 잘 수 있느냐고 한다. 교도소 안에 있든지 교도소 밖에 있든지 부모의 마음은 한결같이 자녀를 생각한다. 누군가는 부모와 자식의 관계를 끊는다고 말하기도 하지만, 대다수 부모는 그렇지 않다. 지금은 비록 죄인의 몸이지만 자녀가 앞으로 바르게 살기를 바라고, 그의 삶이 행복하기를 바란다.

오랜 시간 교도소 안에 있는 사람들을 상담하면서 이런 생각이 들었다. 이들은 어떻게 하다가 이런 강력범, 흉악범이 되었을까? 하는 생각 말이다. 청송교도소에 온 재소자들을 만나고 상담하면서 가장 많이 느낀 것은 "이런 어린 시절도 있었구나" 하는 것이다.

어떤 수용자는 폭언과 폭력이 난무한 고아원에서 자랐다. 또 어떤 수용자는 이혼 가정에서 계모의 폭언과 학대 그리고 폭력에 시달려야만 했다. 부모의 폭력과 폭언에 시달리며 마음을 증오와 분노로 채우고, 성인이 되면 반드시 부모를 죽이고야 말겠다고 다짐한 수용자도 있다. 강력범이나 문제가 많은 수용자일수록 힘든 어린 시절을 보낸 경우가 많았다. 특히 일반적인 가정생활을 하지 못했고, 무엇보다도 부모님과의 관계가 단절되어 있었다.

혹시 자녀가 당신의 입에서 나오는 말로 인하여 교도소 담장 안에서 생활할 수 있다는 사실을 생각해 본 적 있는가? 가정에서 아무렇지도 않게 하는 거친 말과 폭력적인 행동이 당신의 자녀를 범죄의 길로 내모는 것임을 생각해 본 적 있는가? 만일 생각해 본 적 없다면 지금이라도 진지하게 고민해야 한다. 아무렇지도 않게 던지는 어른들의 말이 자녀의 미래에 영향을 주기 때문이다.

교도소를 아세요?

교도소는 죄를 지은 사람이 죗값을 치르는 곳이다. 사전적인 의미로는 징역형이나 금고형 등의 선고를 받아 복역하는 장소를 교도소(矯導所)라고 한다. 예전에는 감옥이라 하여 죄를 지은 사람들을 가두어 놓는 곳이었다. 하지만 지금은 사회와 격리하는 것뿐만 아니라 출소 후에 잘 적응할 수 있도록 돕는 곳으로 맞춤형 교정행정을 하고 있다. 우리는 교도소에 있는 수용자들은 모두 흉악범이나 인면수심의 죄를 지은 사람들이라고 생각한다. 그래서 피하고 멀리해야 하는 존재로 여긴다.

교도소 안에 있는 사람이라고 해서 구원에서 멀어진 사람이라고 확신하여 말할 수는 없다. 모두 다 하나님의 형상으로 지음을 받은 하나님의 피조물이며, 예수 그리스도의 복음을 들어야 할 대상이기 때문이다. 그들의 구원 여부를 우리는 알 수 없고, 우리가 판단할 수도 없으며, 우리가 판단해서도 안 된다. 따라서 범죄 유형에 따라서 혹은 형량에 따라서 수용자를 선별하여 복음을 전하려는 것은 어리석은 행동일 것이다. 우리는 그들이 지은 죄를 비판할 수 있다. 하지만 예수 안에서는 흉악무도한 사람이라도 정죄의 대상이나 외면받아 마땅한 사람이 아니다. 모든 사람이 예수님을 구주로 영접하여 하나님 앞에서 바르게 살기를 바라야 한다.

교도소 안에서 있는 사람들은 죄에 따라 가석방이 없는 무기수, 일반적인 무기수, 장기수, 단기수 그리고 사형수 등이 있다. 수용자들은 저마다 죗값을 치르면서 살아간다. 그런데 이들이 형기를 마치면 사회와 가정으로 돌아온다. 그리고 우리의 이웃이 된다.

요셉은 애굽의 법으로 옥에 갇힌 죄수였고, 모세는 살인을 저지른 범법자였다. 다윗은 강간범이고 살인자다. 그런데 하나님은 그들이 회개하도록 하셨고, 그들을 사용하셨다. 그들을 통해 하나님의 일을 행하셨다. 성경의 인물들과 마찬가지로 지금 교도소에 있는 사람들은 정죄의 대상이 아니다. 멀리하고 피해야 할 대상이 아니라 전도의 대상이라는 것이다.

예수님이 오신 것은 죄인을 구원하시기 위해서다.
"그리스도 예수께서 죄인을 구원하시려고 세상에 임하셨다"(딤전 1:15)

성령 하나님은 택한 백성이 구원에 이르도록 그 삶을 이끄신다. 언제나 함께하시며 회개하게 하시고 지혜를 주시어 분별력 있는 삶을 살게 하신다. 그래서 어떤 일이 있어도 하나님의 사랑에서 떨어지지 않고, 누구도 그것을 끊을 수 없다고 말씀하신다.
"높음이나 깊음이나 다른 어떤 피조물이라도 우리를 우리 주 그리스도 예수 안에 있는 하나님의 사랑에서 끊을 수 없으리라"(롬 8:39).

그런데 우리는 교도소에 있었다는 이유로 그리스도와 거리가 먼 사람으로 치부하고 외면하는 것이 현실이다. 지금 전국의 교도소에는 대략 5만 6천 명 정도의 사람이 있다. 이들 중 사형수, 감형이 없는 무기수를 제외하면 형기를 마친 후에는 모두가 사회로 나온다는 말이다. 이들이 교도소에 있을 때 주님의 사랑을 전하여 예수를 그리스도로 영접하도록 해야 한다. 한정된 공간에 있기에 복음을 들고 갈 수 있는 가장 좋은 시간임을 알아야 한다. 복음을 듣고 그리스도인이 되어서 우리 곁으로 나오게 할 것인지 아니면 그 모습 그대로 사회에 나오게 할 것인지 진지하게 고민하고 판단해야 한다.

현재 우리의 모습은 어떠한가? 솔직하게 들여다보자. 예수 그리스도의 사랑이 필요한 사람들에게 사랑을 주고 있는가? 사랑을 모른다고 손가락질을 하고, 너는 왜 그렇게 행동을 했느냐고 질책하고 외면하고 있지는 않은가?

스데반 집사는 자신에게 돌을 던지는 사람들을 보고 주님께 기도했다. "무릎을 꿇고 크게 불러 이르되 주여 이 죄를 그들에게 돌리지 마옵소서 이 말을 하고 자니라"(행 7:60). 스데반 집사는 자기에게 돌을 던지는 사람들일지라도 미워하거나 저주하지 않았다. 오히려 그들을 위해 기도했다. 이것이 은혜를 입은 그리스도인의 올바른 사랑의 모습일 것이다. 세상 사람들은 교도소에 있는 이들을 저주하며 돌을 던질지라도 그리스도인이 그래서는 안 된다. 예수 그리스도의 십자가

대속으로 값없이 구원을 받은 사람들은 돌을 던지는 것이 아니라 그들에게 새로운 기회를 주어야 한다. 우리는 요한복음 8장에 나오는 간음하다 잡혀 온 여인의 이야기를 너무나 잘 알고 있다. 예수님은 간음하다 잡혀 온 여인을 정죄하고 멀리하지 않으셨다. 오히려 그를 용서하시고 그에게 이렇게 말씀하셨다. "가서 다시는 죄를 범하지 말라"(요 8:11). 예수님은 십자가에서 죽음을 목전에 두고 이렇게 기도하셨다. "예수께서 이르시되 아버지 저들을 사하여 주옵소서 자기들이 하는 것을 알지 못함이니이다"(눅 23:34). 예수님은 죄인들을 용서하시면서 새로운 삶의 기회와 무한한 사랑을 주셨다.

그런데 지금 우리는 어떤 모습인가? 돌을 던지며, 저주하고, 멀리하며, 피하는 모습은 아닌가? 죄인으로 구원을 받은 나의 모습은 잊고 정죄하는 자리에만 있는 것은 아닌가? 그러면서도 스스로 의롭다 여기며, 나는 그들과 다르다고 생각하며 안위하는 것은 아닌가? 비록 지금은 교도소와 상관없는 곳에 있지만, 그리스도의 은혜가 아니라면 여전히 죽을 죄인의 자리에 있을 수밖에 없다는 것을 기억해야겠다. 은혜로 구원받은 모습, 나의 참모습을 깨달아야 할 것이다.

복음을 전할 대상

　　전국의 교도소 현황을 보면 교정본부 산하에 4개의 교정청이 있다. 교정청은 교도소와 구치소, 지소를 총괄 관리하는 기관이다. 서울교정청은 소망교도소까지 합하여 17개의 교정기관 있고, 대구교정청은 19개 교정기관, 대전교정청은 11개 교정기관, 광주교정청은 10개의 교정기관으로 총 57개의 교정기관이 있다. 전국의 57개 교정기관 안에 약 5만 6천 명의 수용자가 있는 것이다.

　　수용자들은 각자의 종교에 따라 종교활동을 한다. 종교가 없는 사람은 선택할 수 있다. 기독교는 예배와 성경공부, 상담 등을 통하여 복음을 전한다. 복음을 받아들인 사람은 주님 앞에서 죄를 회개하고 다른 수용자들에게 복음을 전하여 예배에 함께 참석하기도 한다. 그러므로 교도소에 있는 5만 6천 명과 그 가족들은 복음을 전할 전도의 대상이라고 볼수 있다.

전도할 때 가장 중요한 것은 그들의 지난 허물과 지금의 상태를 보지 말고, 그 영혼을 향한 주님의 십자가 사랑만 바라봐야 한다는 것이다. 예수님이 이 땅에서 오신 이유는 의인을 구원하러 오신 것이 아니라 죄인을 구원하러 오셨다는 사실을 기억해야 한다. 우리 또한 죄인으로 예수 그리스도의 십자가로 구원을 받았다는 사실을 깨달아야 하는 것이다. 은혜로 구원받은 우리는 우리에게 주신 은혜가 교도소 담장 안에 있는 영혼들에게도 전해지기를 기도하며 전해야 할 것이다. 나 같은 죄인을 살리신 주님의 은혜가 그들의 삶에도 경험되기를 소망해야 한다.

교도소 사역의
시작

　　어느 날 사역을 마치고 경북북부제2교도소 소장님과 담소를 나누는 중 이런 질문을 했다. 언제부터 경북북부제2 교도소(구 청송제2교도소)에서 사역하게 되었고, 이 일을 하게 된 계기가 무엇이냐는 질문이었다. 사실 교도소 사역은 생각하지도 않았고, 관심도 없었다. 그런데 지금은 이 사역에 모든 힘을 쏟고 있다.

　　1999년 늦가을, 부천 오정성화교회를 섬기는 선배 이주형 목사님이 새생명운동본부의 본부장으로 계실 때다. 그때 새생명운동본부 주최로 청송 지역의 4개 교도소 교도관 연합 세미나가 있었다. 이주형 목사님이 전화로 포항에 와서 자신을 태우고 청송에 있는 행사장까지 가줄 수 있느냐고 물었다. 서울에서 청송까지 가는 교통편이 여의치 않아서 부탁한다고 했다. 선배이기 전에 평소에도 존경하고 좋아하던 목사님이었기에 기쁜 마음으로 수락했다. 그런데 이 전화 한 통이 사역의 많은 부분을 변화시킬 줄은 정말로 몰랐다. 처음이자 마지막, 잠시 다녀올 줄 알았던 청송교도소가 익숙하다 못해 친숙한 곳이 되리라고는 전혀 생각하지 못한 것이다.

약속 당일 날, 포항에서 이주형 목사님을 태우고 청송으로 향했다. 목적지에 도착하자 함께 예배에 참석했으면 좋겠다고 했다. 기꺼이 그러겠다고 말씀드리고 예배 시간을 기다렸다. 잠시 후 목사님은 내게 특송을 부탁했다. 예배 시간에 순서를 맡은 찬양 사역자가 오는 도중에 문제가 생겨서 부득이하게 참석할 수 없다는 연락을 받았다고 했다. 갑자기 받은 연락으로 인해 어떻게 할까 고민하다가 자리에 앉아 있는 나를 보았다고 한다. 거절할 수도 없는 상황이었다. 세미나에 초청된 사람도 아니고 준비한 찬양도 없었지만, 평상시 부르던 곡이 생각나서 그것을 부르기로 했다. 또한 하나님의 뜻이 무엇인지는 모르겠지만 그냥 순종하자는 마음이 들어서 그러겠다고 했다. "심령이 가난한 자"라는 곡을 불렀다.

예배를 마친 후 한 교도관이 다가왔다. "목사님은 지금
어디에서 사역하십니까!"라고 물었다. 청송군에 있는 문거교
회를 섬긴다고 말했다. 그 말을 들은 교도관은 느닷없이 교
도소의 성가대를 맡아달라는 부탁을 했다. 현재 청송제2교
도소에는 수용자로 구성된 성가대가 있는데, 교육과 지휘를
의정부에서 오시는 목사님이 담당하고 계신다고 했다. 그런
데 종종 몸이 불편하여 오지 못하는 날이 있어서 그 목사님
이 의정부에서 오지 못하는 날만이라도 대신해서 성가대를
가르쳐 달라는 것이었다. 교도관의 정중한 부탁을 냉정하게
거절할 수 없어서 그렇게 하기로 했다. 교도관인 박길후 집사
님은 청송제2교도소 사회복귀과에서 종교를 담당했다. 집사
님의 부탁이 계기가 되어 오늘까지 교도소 사역을 하고 있다.
생각하지도 않았고, 의도하지도 않았던 일, 그 일을 지금까지
하는 나의 모습을 돌아보면 모든 것이 하나님의 인도하심이
라고 고백할 수밖에 없는 것 같다.

음악을
전공하셨습니까?

청송제2교도소의 교도관 박길후 집사님으로부터 전화가 왔다. 의정부에서 오시는 목사님이 오실 수 없다고 하니 화요일 수용자 예배 시간에 부를 찬양 한 곡을 연습시켜 달라는 것이다. 연습 시간인 오후 1시까지 교도소에 들어와 달라고 했다. 전화를 끊은 후 다급한 마음으로 찬양을 선곡한 후 청송제2교도소로 향했다. 교회에서 교도소까지는 차로 대략 한 시간 정도 걸린다. 운전하는 내내 처음 만나는 사람들은 어떨지, 어떻게 연습해야 할지 그리고 잘 할 수 있을지 하는 생각으로 머리가 복잡했다. 여러 생각에 그 한 시간은 금방 지나갔다.

교도소 정문에 도착하니 어떤 용무로 왔는지 물었다. 청송제2교도소 수용자 성가대 연습 때문에 왔다고 말하니 웃으면서 들어가라고 한다. 주차장에 차를 세우고 입구에 서니 세미나 장소에서 만났던 박길후 주임이 나와서 반갑게 맞아 주었다. 청송제2교도소는 입구에서 강당까지 가는 길에는 철문이 몇 개 있다. 처음 마주하는 광경에 긴장하며 걸었다. 특히 철문이 열리는 소리와 닫히는 소리에는 나도 모르게 움찔하면서 심장이 오그라드는 것 같았다.

강단에 도착해보니 수용자들로 구성된 성가대원이 약 15명 정도 있었다. 처음 본 그들의 모습을 한 마디로 표현하자면 '무서움' 그 자체였다. 마음을 진정시켰다. 그리고는 용기를 내어 입을 열었다.

"저는 청송 문거리에 있는 문거교회를 섬기는 목사입니다. 앞으로 의정부에서 목사님이 못 오시는 날에는 제가 대신하여 찬양을 가르칠 것입니다."

내 말을 듣던 한 수용자가 질문했다.

"목사님은 음악을 전공하셨습니까?"

아니라는 답변에 모두 웃었다. 그리고 다른 수용자가 말했다.

"음악을 전공도 하지 않았는데 어떻게 우리를 가르칠 수가 있겠습니까?"

"제가 비록 음악을 전공하지 않았지만, 많은 경험이 있으니 충분히 가르칠 수 있습니다. 오랜 시간 교회 성가대 지휘를 한 것은 물론이고, 대학원 성가대도 지휘했었습니다. 발성법과 자세 그리고 음악적인 이론을 충분히 익혔기에 여러분을 가르칠 수 있습니다."

처음 보는 이들 앞에서 당당하게 말했다. 그 말에 한 수용자가 노래를 불러 달라고 했다. 기 싸움을 하는 것인지 아니면 오디션이라도 보려는 것인지 그것도 아니면 관심의 표현인지 헷갈렸다. 그렇다고 노래 불러 달라는 것을 마다할 이유도 없었다. '생명의 양식'을 불렀다. 무반주로 부른 생명의 양식을 듣고는 분위기가 반전되었다. 박수가 쏟아졌다. 손가락을 추켜세우며 놀랍다는 표정을 지었다. 얼떨결에 본 오디션에서 충분히 합격 판정을 받은 듯하다.

어수선한 분위기를 잠시 진정시켰다. 그리고 합격한 정식 지휘자로서 한마디 하겠다고 했다.

"호산나 성가대는 노래 교실이 아닙니다. 성가대로 봉사하는 곳입니다. 아무나 하고 싶으면 하고 하기 싫으면 그만두는 곳이 아닙니다. 반드시 오디션을 통과한 사람만이 할 수 있습니다."

오디션에 통과해야만 할 수 있다는 말에 분위기가 가라앉았다. 그래서 웃으며 덧붙였다.

"제가 보는 오디션은 음악 실력이 아니라, 성가대원으로서 마음가짐입니다."

그 말에 표정이 조금은 풀리는 듯 보였다. 그래서 다음에 올 때는 성가대원으로서 봉사하는 마음가짐을 적어 오라는 숙제를 하나 내주었다. 모두가 솔직하게 그리고 충실하게 숙제를 해왔다. 그중에 기억나는 몇몇이 있다. 밤무대에서 유행가를 부를 때마다 마음이 허전하고 공허했는데 교도소에 들어온 후에 예배를 드리고 찬송을 할 때면 알 수 없는 평안함이 있다는 내용이다. 어떤 사람은 한 번도 느껴보지 못한 기쁨과 감사한 마음을 느꼈는데 그것을 잃고 싶지 않아서 성가대를 계속하고 싶다고 했다. 교도소 안에 있든지 밖에 있든지 하나님이 주시는 은혜와 위로는 모두에게 필요하다는 생각을 하는 기회가 되었다.

"아름다운 고백"의 시작

2002년 2월, 문거교회에서 시찰회를 했다. 이날 포항성안교회의 정창석 목사님이 중년 신사 한 분과 함께 시찰회에 참석했다. 중년 신사는 포항극동방송의 초대 지사장 황용진 장로님이셨다. 황용진 장로는 시찰회 목사님들께 인사하며 포항에 극동방송이 세워지는 데는 정창석 목사님의 도움이 컸다는 말을 했다. 그리고 감사의 마음을 전하며 앞으로도 많은 기도와 관심을 부탁했다. 모든 순서를 마치고 황용진 장로님과 대화할 수 있었다. 마침 전도사 시절에 가르쳤던 자매가 서울극동방송에서 근무하고 있었기에 자연스럽게 대화를 이어갈 수 있었다. 짧은 시간이었지만 자매의 이야기로 인해 여러 가지 진지한 이야기를 나누었다. 대화가 마무리될 즈음 이런 부탁을 드렸다.

"극동방송은 영적으로 육적으로 힘든 분들에게 위로와 소망을 주는 방송이라는 것을 잘 알고 있습니다. 이사장이신 김장환 목사님도 교정 선교에 많은 관심이 있어서 가끔 교도소에 면회를 간다고 들었습니다. 가능하다면 극동방송에서 교정 선교를 위한 방송을 해 주시면 좋겠습니다. 교도소와 관련된 사람들이 20만 명이 넘고 1년에 출소하는 사람들은 약 6만 명이 넘습니다. 그런데 이들 대부분은 교회는 물론이고 그 어디에서도 위로를 받지 못하고 있습니다. 그러니 그분들을 위로하고 소망을 주는 곳, 지친 이들의 기댈 곳이 되는 방송이 되었으면 좋겠습니다."

교도소와 관련한 사역을 하는지 알고 있기에 황 장로님은 나의 말에 귀를 기울였다. 말이 나온 김에 이어서 말했다.

"극동방송에는 좋은 프로그램이 참 많습니다. 거기에 교도소와 관련된 분들에게 위로와 소망을 줄 수 있는 프로그램이 하나 있었으면 좋겠습니다. 교도소에 있는 분들의 이야기와 가족의 이야기를 나누고, 출소한 분들 혹은 교정기관의 이야기를 다루면 많은 사람에게 도움이 될 것 같습니다. 교도소 밖에 있는 성도들에게 교도소 안에 있는 이들은 비판적인 시선으로 볼 대상이 아니라 복음을 전할 대상이라는 사실을 알게 하여 주님의 사랑으로 바라볼 수 있게 하는 역할을 할 것입니다. 교도소와 관련한 사람들에게 위로와 소망 그리고 정보를 전달할 수 있는 프로그램이 꼭 있었으면 좋겠습니다."

　이야기를 듣고 잠시 아무 말 없던 지사장님은 기도해 보겠다는 짧은 대답을 했다. 그리고 한 달 정도의 시간이 지난 3월 초에 황 지사장에게 전화가 왔다. 아무런 설명 없이 그냥 포항 지사로 와 달라는 것이었다. 영문도 모른 채 포항으로 향했다. 방송국에서 밝은 얼굴로 맞이하는 장로님과 마주 앉았다. 차 한잔을 건네며 한 달 동안 기도했고, 이렇게 결론을 내렸다면서 이야기를 시작했다.

　"방송국 피디들은 교도소의 사정을 잘 모르니 목사님이 방송에 필요한 자료를 주었으면 좋겠습니다. 그리고 우리는 출소자와 수용자 가족의 마음을 헤아릴 수 없으니 목사님이 직접 방송을 진행하면서 그 마음을 헤아려 주면 좋겠습니다. 만일 목사님이 승낙하면 프로그램을 만들 것이고, 그렇지 않으면 만들기 어렵습니다."

　지사장님은 단호하게 말했다. 방송이 무엇이지, 어떻게 할 것이고, 무엇을 할 것인지 아무것도 모르는 상태였지만, 이것저것 생각할 겨를이 없었다. 오직 교도소와 관련한 프로그램이 만들어져서 많은 이들에게 위로를 주었으면 좋겠다는 바람뿐이었다. 망설이지도 않고 그 자리에서 그냥 알았다고 대답해 버렸다. 지금 생각해 봐도 어디서 그런 무모한 용기가 나왔는지 도무지 알 수 없는 일이다.

대답을 한 후에 방송팀장인 장봉구 집사님을 소개받았다. 교정 방송을 진행하게 될 것이니 한 달 동안 방송 장비 사용법과 진행하는 방법을 알려주라는 지시가 떨어졌다. 그리고 한 달 동안 장봉구 피디에게서 방송 장비 사용법과 진행 방법에 대해 아주 친절한 교육을 받았다. 드디어 숨막히는 첫 방송날, 다행히도 아무 일 없이 잘 마칠 수 있었다. 서툴고 긴장한 가운데 진행한 2002년 4월의 첫 방송은 지금까지 "아름다운 고백"으로 이어지고 있다.

아름다운 고백은 수용자들에게서 온 편지와 수용자들 가족의 사연으로 구성되며, 법무부 교정본부 교도관, 법죄예방정책국을 비롯하여 퇴임한 교도관, 교정사역자 등 교도소와 관련된 사연과 정보를 제공한다. 그뿐만 아니라 교도소 예배 실황이나 출소한 이들이 사회에서 경험하는 하나님의 은혜를 나누고 있다.

왜 "아름다운 고백"
인가요?

　　프로그램을 만들기로 한 후 실무적인 일은 대부분 방송 팀장인 장봉구 피디와 상의했다. 장 피디는 주 청취자를 누구로 할 것인지, 방송의 구성은 어떻게 할 것이며, 제작은 어떻게 할 것인지 나에게 결정하라고 했다. 그냥 웃으면서 말했다. 모든 그리스도인을 대상으로 하고, 성령님의 인도하심에 따라 구성하며, 혼자 할 수 없으니 직원들과 함께 제작할 것이라고 말했다. 그리고 교도소의 실태와 그리스도인들이 교도소를 돌아보아야 하는 이유를 말하고 싶다고 덧붙였다. 장 피디는 함께 기도하며 준비하자고 말하면서 프로그램 이름을 정해 달라고 했다. 보통은 방송국에서 정하지만, 이 프로그램은 기획하고 진행까지 하게 되었으니 그 의미를 담아서 직접 정하는 게 좋겠다고 했다. 알았다는 대답을 했지만 막막하기만 했다. 어떤 이름이 가장 좋을지 고민하고 기도하기 시작했다.

어느 주일 날, 하나님이 사람들에게 원하시는 아름다운 삶의 고백이 있다면 무엇일까 하는 주제로 설교했다. 하나님께서 원하시는 삶의 고백은 첫째 회개이다. 하나님을 믿는 이들은 회개를 통해 하나님의 은혜와 복을 경험하게 된다. 말로만 주여 주여 하는 것이 아니라 몸도 마음도 완전하게 돌아서는 진정한 회개를 해야 한다. 세례 요한은 회개를 선포했다. "그 때에 세례 요한이 이르러 유대 광야에서 전파하여 말하되 회개하라 천국이 가까이 왔느니라 하였으니"(마 3:1-2). 예수님도 사역을 하실 때 가장 먼저 회개를 선포하셨다. "예수께서 비로소 전파하여 이르시되 회개하라 천국이 가까이 왔느니라 하시더라"(마 4:17). 그리고 예수님의 제자들도 복음을 전할 때 회개를 선포했다. "제자들이 나가서 회개하라 전파하고"(막 6:12). 회개는 나의 참된 모습을 발견하고 하나님 앞에서 진심으로 자신의 죄를 고백하는 것이다. 죄로 인해 죽을 수밖에 없는 것을 발견할 때 진정한 회개가 가능한 것이다. 죽을 수밖에 없는 죄를 대신 하신 예수님의 은혜를 깨닫기에 죄에서 돌아서는 것이다. 회개하지 않는 사람은 여전히 내가 누구인지 모르고, 예수님을 구주로 영접하지 않은 사람이다. 로마서 5장은 이렇게 말씀한다. "우리가 아직 죄인 되었을 때에 그리스도께서 우리를 위하여 죽으심으로 하나님께서 우리에 대한 자기의 사랑을 확증하셨느니라"(롬 5:8). 십자가는 하나님의 사랑이고, 하나님의 사랑은 우리에게 회개를 요구하신다. 그래서 사람에게 있어 가장 아름다운 삶은 회개에서부터 시작된다.

그리고 두 번째는 용서이다. 예수 그리스도 안에서 자신의 죄를 회개하고 죄 사함을 받은 사람이 이웃의 허물을 용서하는 것은 당연한 일이다. 이웃의 허물을 용서하지 않는 사람이 과연 회개한 자라고 할 수 있을까? 에베소서 4장에서는 "서로 친절하게 하며 불쌍히 여기며 서로 용서하기를 하나님이 그리스도 안에서 너희를 용서하심과 같이 하라"(엡 4:32)라고 말씀한다. 골로새서 3장 13절에도 "누가 누구에게 불만이 있거든 서로 용납하여 피차 용서하되 주께서 너희를 용서하신 것 같이 너희도 그리하고"(골 3:13)라고 말씀한다. 예수님은 누가복음 6장에서 비판하지 말고 용서하라고 말씀하신다. "비판하지 말라 그리하면 너희가 비판을 받지 않을 것이요 정죄하지 말라 그리하면 너희가 정죄를 받지 않을 것이요 용서하라 그리하면 너희가 용서를 받을 것이요"(눅 6:37). 예수님을 나의 구원자로 고백하고, 하나님의 자녀가 된 사람들은 우리에게 주신 은혜를 생각하며 이웃의 허물과 부족함을 용서하고, 함께하는 것이 아름다운 삶의 고백일 것이다.

세 번째는 나에게 고통을 준 사람을 용서했다면 그를 섬기고 함께하는 삶이 되어야 한다. 예수님이 십자가에서 죽으신 것은 죄인인 우리를 위해서이다. 죄로 인해 영원한 죽음과 저주 아래 놓인 우리를 구원하시기 위해 수치를 당하시고 비참하게 죽으신 것이다. 그리고 죽은 자 가운데서 다시 살아나 승천하셨다. 성령님을 보내시고 우리의 삶을 인도하시며 지금도 다스리고 계신다. 우리와 영원히 함께하시는 주님을 생각하면 이웃의 허물을 용서하는 것뿐만 아니라 함께하며 믿음의 길로 이끄는 사람이 되어야만 하는 것이다.

예수님은 임마누엘이시다. "보라 처녀가 잉태하여 아들을 낳을 것이요 그의 이름은 임마누엘이라 하리라 하셨으니 이를 번역한즉 하나님이 우리와 함께 계시다 함이라"(마 1:23). 우리의 죄와 허물, 죽음에서 구원하여 주시기 위해 십자가에서 죽으시고 부활하신 예수님은 세상 끝날까지 함께

하여 주신다고 말씀하셨다. "내가 너희에게 분부한 모든 것을 가르쳐 지키게 하라 볼지어다 내가 세상 끝날까지 너희와 항상 함께 있으리라 하시니라"(마 28:20).

설교를 마치고 내려오면서 하나님이 원하시는 삶의 내용으로 '회개와 용서, 섬김 그리고 함께하는 삶'이라는 뜻을 담아 "아름다운 고백"이라고 정하면 좋겠다는 생각이 들었다. 교도소에 있는 사람들은 분명 범죄자들이다. 동시에 그들은 예수 그리스도의 복음이 필요한 사람들이고, 우리와 같이 구원의 은혜가 필요한 영혼들이다. 예수 그리스도 안에서 구원을 받아 하나님의 자녀로서 이 세상을 살아간다면 날마다 죄를 회개하고, 이웃의 허물을 용서하는 삶, 서로를 섬기며 함께하는 삶이 되어야 할 것이다. 이는 모든 그리스도인의 삶의 내용이 되어야 한다. 아름다운 고백은 이러한 고백으로 가득한 프로그램이 되기를 바랐다. 눈에 보이는 죄로 인해 교도소에 있는 사람은 물론 드러나지 않은 죄로 인해 그냥 사회에서 생활하는 사람일지라도 모두가 예수님의 은혜를 깨닫고, 바른 모습으로 돌아서기를 소망했다. 그렇게 시작한 "아름다운 고백"은 지금도 많은 사람이 입술로 그리고 삶으로 고백하고 있다.

아름다운 고백교회

　　청송에서 교도소 사역을 하다 보니 늘 출소한 분들이 떠오른다. 출소 후 사회에 적응을 하지 못하여 2개월도 안 돼서 다시 교도소로 가는 분들도 있다. 7개월 안에 재범한 사람이 약 70%나 된다고 하니 정말 마음이 아팠다. 이런 수치를 가볍게 넘길 수 없는 것은 재범은 분명히 사회에 영향을 미치는 일이기 때문이다. 이래서는 안 되겠다는 생각이 들었다.

　　교도소에서 예수님을 영접하고 남은 삶을 믿음으로 살고 싶다고 고백한 어느 분의 이야기를 들었다. 출소 후 교회에 출석하면서 열심히 믿음 생활을 했다고 한다. 그러던 어느 날 담임목사님이 철야 예배 시간에 개인 간증을 하면 좋겠다는 말에 순종하는 마음으로 간증을 수락하여 자신의 과거

모습과 현재 모습을 이야기하며 하나님의 사랑을 고백했다
고 한다. 문제는 그때부터 사람들의 시선이 달라졌고, 자신을
대하는 태도가 예전과 같지 않다는 것을 느꼈다는 것이다.
은근히 피하는 사람들을 보았고, 교회를 옮기는 사람도 생겨
나자 더 이상 그 교회에 있을 수 없어서 결국은 교회를 떠날
수밖에 없었다고 한다. 교회를 나와서 마음 둘 곳을 찾지 못
했고, 차가운 교회의 시선에도 실망하여 방황하다가 자신에
게 익숙한 교도소에 다시 들어왔다고 말했다.

　　교도소에 와서 설교하는 목사님들 중에는 출소 후 갈
곳이 없으면 언제든지 교회로 오라고 말하는 분들이 많다.
교회에 오면 필요한 것을 제공하고 사회에 적응할 수 있도록
최대한 돕겠다고 한다. 이런 이야기를 들었던 출소자들이 실
제로 경험했던 이야기를 들려주었다. 출소 후에 정말로 갈 곳
이 없어서 교회에 오면 최대한 돕겠다고 했던 어느 교회를 찾
아갔다고 한다. 그런데 목사님은 이런저런 핑계로 계속 피하
기만 했다. 만나주기는커녕 심지어 화를 내면서 다시는 오지
말라는 교회와 목사도 있었다고 한다. 어떤 분은 찾아간 교
회의 성도가 자신을 경찰에 신고했다고 한다. 어떤 분은 지폐
한 장을 던지듯이 주면서 다시 오지 말라는 말을 듣기도 했

다고 한다. 이런 일을 겪은 어떤 사람은 출소자가 갈 수 있는 교회는 없구나, 정상적으로 신앙생활을 할 수 없겠구나 하는 마음이 들었고, 급기야 내가 살 곳은 사회가 아니라 교도소라는 생각마저 드니 화가 치밀었다고 한다. 결국 주변 사람들과 시비가 붙었고 말다툼을 하다 보니 폭력으로 이어져 다시 교도소에 왔다는 이야기를 들었다.

"그럴 거면서 왜 오라고 합니까", "출소자는 교회 가면 안 되는 겁니까"라고 따지듯이 말하지만 아무 변명도 할 수 없었다. 그저 목사로서 너무나 죄송하다는 말밖에는 할 수 있는 말이 없었다. 어떻게 하면 이런 일이 생기지 않을까, 어떻게 해야 그리스도의 사랑을 출소자들에게도 전하고 그들이 사회에서도 온전한 그리스도인으로 살아가게 할 수 있을까 고민했다. 그리고 기도했다.

"주님! 출소한 분들이 지난 행적 때문에 주변의 시선을 의식하고 부담을 느끼지 않았으면 좋겠습니다. 그리스도의 사랑을 느끼며 평안하게 예배하며 사회에 적응해 갈 수 있는 교회가 되었으면 좋겠습니다. 그런 교회를 시작할 수 있도록 해주세요"

2004년 6월 4일, 기도한 대로 하나님은 '아름다운 고백 교회'를 포항에 개척하게 하셨다. 교정 전문 방송 프로그램인 '아름다운 고백'의 이름을 그대로 사용했다. '회개, 용서, 섬김 그리고 함께'라는 의미가 담겨있는 아름다운 고백을 통하여 교회에 오는 모든 분이 하나님의 사랑 안에서 올바른 신앙인으로 성장하기 바라는 것이다. 용서하고 섬기는 신앙인이 되어 그 일을 함께해 나가기를 기도하고 다짐했다. 아름다운 고백교회에는 과거에 담장 안에 있던 분들이 있다. 주의 은혜 가운데 회복된 분도 있고, 회복된 후 다른 지역으로 가신 분들도 있다.

　　아름다운 고백교회는 정말로 누구나 와도 된다. 과거의 행적이 중요하지 않다. 현재 거듭난 그리스도인으로 사는가 하는 것이 중요하다. 우리는 다 죄인이고 십자가의 은혜로 구원을 받은 사람이기에 별로 다를 것이 없다. 주 안에서 우리는 모두가 죄인의 모습인데 누가 누구를 정죄할 수 있겠는가 말이다. 교회 안에 있는 사람들은 그 누구도 정죄하거나 나뉘어서도 안 된다. 교회는 누구나 올 수 있어야 한다.

　　"우리는 아직 들키지 않은 죄인일 뿐이다."

말을 변화시키는
인성교육

수용자들의 이야기를 듣다 보면 참으로 다양한 사연이 있다. 부유한 가정의 좋은 환경에서 거짓말 한번 하지 않은 사람이 잠깐의 실수로 오기도 하고, 찢어지게 가난한 환경에서 살길을 찾다가 온 사람도 있다. 범죄에 익숙한 사람도 있고, 처음 온 사람도 있다. 마약을 한 사람, 정신질환을 앓는 사람, 친구와 말다툼하다 격한 감정에 살인한 사람, 음주 운전을 한 사람, 남에게 사기를 친 사람, 조직폭력배, 대학교수, 운동선수, 가정주부, 종교인, 집사, 장로는 물론이고 목사도 있다.

오랜 시간 사역을 하면서 '이 사람들은 왜 여기에 왔을까'라는 질문을 항상 한다. 환경이 나쁘다고 모두가 범죄자가 되는 것은 아니다. 반대로 모든 환경이 좋다고 해서 죄를 범하지 않는 것도 아니다. 그렇다면 도대체 무엇이 이들을 교도소라는 단절된 상황으로 밀어 넣었는지 궁금했다. 15년 넘게 다양한 수용자를 상담하면서 느낀 것이 있다. 이분들의 언어와 생각 그리고 행동이 연관되어 있다는 것이다. 상담했던 대부분이 어려서부터 폭언을 들었다. 성장하는 과정에서 가족을 비롯한 주변의 무시와 인격 모독을 경험했다. 그것은 가정 환경이 부유하거나 가난한 것과는 크게 상관이 없는 듯했다. 부유해도 폭언으로 냉랭한 가정이 있고, 가난해도 서로를 격려하는 따뜻한 가정이 있다. 결국 부모를 비롯한 주변 사람들의 한마디 말이 성장기에 있는 아이에게 얼마나 큰 영향을 미치는지 확인할 수 있었다.

사람은 어떤 말을 하느냐에 따라서 삶이 달라질 수 있다. 출소한 후 재범하는 사람과 재범하지 않는 사람을 조사해 보니 재범을 하지 않는 사람은 그 입에 감사와 소망이 있고, 남을 존중하고, 자신을 낮추는 모습이 있었다. 그런데 재범을 하는 사람은 마음에 화가 가득하여 욕을 많이 하고, 매사에 불평이 가득하며, 다른 사람을 탓하거나 사회 구조적인 문제라고 하며 억울해하는 경향이 있었다. 그리고 문제가 많은 수용자일수록 어려서부터 폭언과 무시 그리고 강압적인 환경에서 자랐다는 사실을 발견할 수 있었다. 이런 것은 혼자만의 생각이 아니다. 많은 학자가 좋은 말이 미치는 영향력을 연구하고 있다. 성경에도 사람의 행복과 불행은 말에서 시작된다고 말한다.

"죽고 사는 것이 혀의 힘에 달렸나니 혀를 쓰기 좋아하는 자는 혀의 열매를 먹으리라"(잠 18:20)

교도소에서 인성교육을 할 때마다 이렇게 말한다.

"행복한 삶을 살고 싶습니까? 행복한 가정이 되고 싶습니까? 그러면 먼저 가족 간의 말을 바꾸시기 바랍니다. 서로를 격려하고 응원하는 따뜻한 말을 하면 분명히 바뀔 것입니다."

가족 간에 소통이 되고 서로를 이해하며 서로의 마음이 평안해 지면 가정이 화목해지는 것은 당연히 따라 오는 것이다. 그렇게 쉽지는 않지만 그렇다고 못 할 만큼 어려운 것도 아니다. 가정의 불안은 주로 어른의 입에서 나오는 분노의 말, 즉 욕에서부터 시작된다. 욕을 들으면서 자란 사람은 어른이 되어서 자연스럽게 욕을 하는 경우가 많다. 반대로 유순하고 따뜻한 말을 듣고 자란 사람은 어른이 되어서도 그런 말을 하게 된다.

"지금부터 말을 할 때 잠깐이라도 생각해 보는 습관을 갖도록 노력해 보세요. 내가 하려는 말이 칼날이 될지 아니면 포근한 이불이 될지 생각해 보는 것입니다."

강의를 마치면서 작은 것부터 실천해 보자고 제안한다. 감사하게도 많은 이가 도전해 보겠다고 결심한다.

인성교육을 통해 근본적인 것이 변하지는 않을 것이다. 그러나 작은 실천을 통하여 조금의 변화라도 있기를 바라는 것이다. 그동안 생각하지 못하고 있던 것을 생각하고, 자신을 돌아보는 시간이 있으면 좋겠다고 생각하는 것이다. 무엇보다도 그 시간을 통해 복음이 전해지고 하나님의 말씀이 그들의 삶을 변화시킬 것을 기대하는 것이다.

"그들에게 이르기를 여호와의 말씀에 내 삶을 두고 맹세하노라 너희 말이 내 귀에 들린 대로 내가 너희에게 행하리니"(민 14:28)

"사람이 마음으로 믿어 의에 이르고 입으로 시인하여 구원에 이르느니라"(롬 10:10)

나를 다스리는 것은
누구인가?

"목사님, 교도소에 가는 사람은 어떤 사람인가요?"

어느 성도님이 물었다. 죄를 지었기에 교도소에 가는 것을 모를 리가 없다. 하지만 그가 궁금한 것은 어떤 사람이 죄를 짓느냐 하는 것이다. 그런 사람은 태어나면서부터 뭔가 다른 점이 있는 것 아니냐는 의미일 것이다.

"교도소에 온 사람들은 자기중심적인 사람이 많습니다. 보통 자기감정에 사로잡힌 사람입니다. 욕심을 이기지 못하고, 감정을 다스리지 못하는 사람, 다른 사람의 생각이나 감정을 고려하지 않는 사람이 많습니다. 내 생각에 맞지 않으면 사소한 말 한마디에도 화내고, 폭언하는 등 격렬하게 자기의 생각을 강요하는 반응을 보입니다. 그것이 해결되지 않으면 폭력을 사용해서라도 자기의 생각을 강요하고 타인의 생각을 굴복시키는 것입니다. 또한 소유하고 싶은 것이 생기면 반드시 갖고야 마는 집착은 남의 것이든 아니든 상관없습니다. 가질 수 없다면 속이고, 빼앗고, 훔치는 등 수단과 방법을 가리지 않는 것입니다."

"그런데 목사님, 자기감정을 다스리는 것은 참 어려운 것 같아요. 어떻게 하면 좋을까요?"

"우리는 누구나 내 마음대로 하는 것을 좋아합니다. 누군가의 통치를 받지 않고 내 마음대로 하다 보니 감정을 다스릴 수 없는 것입니다. 그런데 성경은 이렇게 내 마음대로 하는 것을 죄라고 말씀합니다. 우리는 왕이신 하나님의 말씀에 따라 살아야 하는데 자기가 왕이 되어 자기 생각에 따라 살기 때문입니다. 우리는 하나님 말씀 안에서 하나님이 허락하신 것 안에서 자유를 누릴 수 있는 것입니다. 그래서 하나님의 말씀을 알고 그 안에서 살고자 애써야만 하는 것입니다. 그런 노력이 자기를 다스리는 행동입니다. 만일 하나님의 말씀을 따르고, 성령님의 인도하심을 사모하며 감사의 삶을 살지 못한다면, 언제든지 마음속에 있는 죄의 본성이 튀어나오는 것입니다. 자기의 욕망을 이기지 못하고 죄로 이어지는 것입니다. 그렇게 교도소에 가게 되는 것입니다."

이야기를 듣던 성도님은 참으로 끔찍한 일이라고 말한다. 사실 끔찍한 말이 아니다. 누구든지 자기 마음을 하나님의 말씀으로 다스리지 못하고, 성령님의 인도하심을 따르지 않고, 감사의 마음이 없이 불평과 불만으로 가득하다면 얼마든지 폭언과 폭행을 할 수 있다. 불안한 내면을 위해 음주를 하거나 쾌락을 따르기 위해 어떤 일이든 하며 각종 범죄에 노출된다. 그로 인해 교도소에 가는 것이다. 그냥 그런 이야기가 아니다. 만났던 수용자들도 그랬다고 말한다.

매주 예배하고 말씀을 읽는 것, 수시로 기도하는 시간을 통하여 나를 절제하는 것이 필요하다. 마음대로 하고 싶은 것을 내려놓고 하나님의 기준에 맞는 사람이 되기 위해 힘쓰는 것이다. 이런 시간을 통해 우리는 자기감정을 다스리는 것이다. 나보다 하나님을 따르려는 마음이 자기감정을 다스리는 힘이 되는 것이다. 그리스도인으로서 바른 삶이야말로 자기를 다스리는 삶이라는 사실을 기억해야만 한다.

자녀를 위해 그리고
나를 위해

자식 잘되기를 바라는 것은 이 땅의 모든 부모에게 적용되는 말일 것이다. 교도소에 있는 수용자들도 예외는 아니다. 상담하다 보면 집에 있는 자녀를 걱정하는 사람이 많다. 자신의 영향을 받아 혹시나 자녀가 바르지 못한 길을 선택하는 것은 아닐까 고민한다. 특히 출소가 얼마 남지 않은 수용자들은 다시 집으로 돌아가 가족을 만날 것을 걱정하고 두려워한다. 자녀를 어떻게 대면해야 할지 모르겠다며 괴로워하는 이들이 많다.

자녀가 잘되기를 원한다면 무엇을 해 주어야 하는가? 많은 사람은 자녀가 잘되기를 바라며 무언가 물질적인 것을 준다. 방을 꾸며주고, 유명 강사가 있는 학원이나 좋은 교재를

골라주고, 넉넉한 용돈과 필요하고 원하는 전자기기 등을 사준다. 그뿐만 아니라 다양한 체험과 경험을 통하여 재능을 찾을 수 있도록 도와준다. 다른 것에 시간과 마음을 빼앗기지 않고 자신의 미래를 위해 전진할 수 있는 환경을 만들어주는 것이다. 물론 이렇게 환경을 만들어주고 그에게 필요한 것을 채워주는 것도 중요하다. 그러나 자녀가 잘되기를 바란다면 '무언가를 해주는 것에서부터 시작'할 것이 아니다. 다르게 말하면 내가 무엇을 해 주었기 때문에 자녀가 잘되는 것이 아니라는 것이다. 자녀가 정말로 잘되기를 바란다면 본인들이 먼저 변해야 한다. 신앙인이라면 믿음의 모습을 찾아야 한다. 성경에서 바른 모습, 올바른 신앙인의 모습을 찾고 그것에 따라 살기 위해 애쓰는 사람이 되어야 한다. 그러한 신앙인의 모습이 흘러서 자녀의 가치관 형성에 영향을 주고, 장래에 영향을 주는 것이다.

자녀가 믿음으로 살고, 하나님을 의지하는 복된 삶을 살기 원한다면, 부모가 본을 보이는 것이 중요하다. 형식적인 모범이 아니라 진실한 그리스도인의 본이 되는 것이다. 결국 누구를 위해 바른 신앙을 갖는 것이 아니라 나를 위하여 바른 신앙을 갖는 것이다. 이것이 자녀에게 영향을 미치는 것이다.

그렇기에 부모로서가 아니라 성도로서 먼저 하나님 앞에 바르게 서는 것이 맞다. 바른 신앙인이라면 자녀 앞에서 교회를 험담하거나, 예배에 빠지는 일은 하지 않는다. 가정에서 폭언하거나 폭력을 행사하지도 않는다. 아무도 보지 않는 곳이라고 해서 함부로 행동하지도 않는다. 바른 신앙인은 하나님의 통치 아래 있다는 사실을 알기 때문이다.

"정말 자녀가 잘 되기를 바란다면 교도소 안에 있을 때 성경을 많이 보고, 철저하게 회개하세요. 바른 믿음, 진심으로 믿는 사람이 되도록 힘써야 합니다. 말 한마디를 할 때도 조심스럽게 하기를 바랍니다. 부모님이 하나님을 두려워하고, 그 안에서 성실하고, 정직한 모습으로 아이들의 말에 귀를 기울이며, 이웃을 사랑하는 모습을 보이면 자녀들도 닮을 것입니다. 하나님의 자녀로서 하나님이 바르게 이끄실 것입니다."

"여호와를 경외하며 그의 길을 걷는 자마다 복이 있도다"(시 128:1)

"여러분의 몸은 비록 여기 교도소에 있지만, 자녀들을

위해 기도하고 그 삶을 하나님께 맡기세요. 하나님이 그들을 복된 길로 이끄실 것입니다. 그러니 너무 걱정하지 마세요."

굳은 표정이 누그러들지만, 여전히 불안한 모습이다. 그래도 무언가 할 수 있다는 사실에 조금은 안도하는 것 같다. 어쩌면 그들이 자녀를 염려하고 걱정하는 것만큼 하나님도 그들을 향해 안타까운 마음으로 바라보고 계실 것이다.

어떤 상황이든 모두가 하나님을 향한 바른 믿음으로 변하기를 소망한다. 교도소에 온 것이 바람직한 것은 아니지만 이런 상황을 통해서라도 변하고 또 변하기를 굳게 다짐하는 계기가 되었으면 하는 바람이다. 믿음의 사람으로 말이다. 그래서 본인과 그의 가족에게도 선한 영향력이 흘러가기를 소망해 본다.

교도소에서 행사는 필요합니다

　주변에서 가끔 질문한다. 교도소에서 예배만 드리면 되지 구태여 음악이나 연극 같은 공연 행사를 할 필요가 있느냐고 말이다. 질문하신 분들의 마음은 이해가 된다. 교도소 사역이 녹록하지 않은 상황에서 이루어지고 있다는 것을 너무나 잘 알고 있기 때문에 걱정하며 하는 말일 것이다. 지금까지 목회자, 찬양 사역자, 유명 강사, 학교나 단체, 공연팀 등 다양한 분들을 초청했다. 재정이 넉넉하고 초청할만해서 초청한 것이 아니다. 없는 중에 꼭 필요한 분들이기에 모신 것이다. 교도소가 아니라면 아니 사역이 아니라면 모실 생각을 할수도 없었을 것이다. 사례비도 없는 곳에 자비로 교통비와 간식비까지 감당하며 와 달라고 요청하는 것은 결코 쉬운 일이 아니기 때문이다. 매번 부탁할 때마다 마음의 빚을 지는 느낌이다. 이런 상황을 잘 알기에 안타까운 마음으로 묻는 것이다. 그냥 설교만 하면 안 되느냐고 말이다.

여러 사람을 초청하는 이유는 분명하다. 다양한 모습으로 선포하는 복음의 메시지를 통하여 삶이 변화되기를 바라는 것이다. 가장 먼저 자신이 죄인이라는 사실을 깨닫고, 하나님께 나아가기를 바라는 것이다. 그리고 세상에서 아무런 필요가 없는 존재가 아니라 하나님이 만드신 귀한 존재이고 하나님의 일을 감당할 의무가 있다는 사실을 깨닫게 하기 위해서다. 그런 깨달음을 통하여 변화된 시선으로 사회에 적응하여 재범이 일어나지 않도록 하는 것이다. 어떻게 보면 교도소에서 복음을 전하는 것은 사회가 좀 더 안전하고 평안한 곳이 되게 하는 가장 좋은 방법일 것이다. 이러한 사실에 공감하는 분들이 초청에 응하는 것이다. 복음을 전하는 것에 열정이 있고, 복음이 사람을 바꾼다는 사실을 잘 알기에 수락하는 것이다. 기쁜 마음으로 사역에 동참하고 있다.

출소한 이들과 이야기하거나, 상담하면서 듣는 진솔한 이야기는 이러한 사실을 뒷받침해준다. 공연을 보면서 처음으로 경험하는 평안과 감동이 있었고, 왠지 모를 눈물이 나기도 했으며, 가족과 피해자에게 씻을 수 없는 잘못을 저질렀다는 사실을 깨닫기도 했다고 한다. 사랑이라는 말을 되뇌며 예수님이라는 분이 누구인지 궁금해서 교회에 왔다고 하는 이들도 있다. 이러한 이야기를 들을 때면 누군가를 섭외하고 부탁하는 일이 너무나 힘들지만, 절대로 그만두면 안 되겠다고 다짐을 하기도 한다.

청함을 받은 사람도, 청하는 사람도, 듣는 사람도 그리고 허락하는 교도소의 관계자들도 모두가 하나님이 이끄시는 길로 바르게 걸었으면 좋겠다. 각자에게 맡겨주신 일을 통하여 하나님의 나라가 아름답게 세워지기를 소망한다. 그리고 그 길을 함께 걸어가기를 바라고 기도한다.

교도소와 사회를
이어주는 쉼터

교도소 사역은 수용자들이 예수님을 영접하여 재범하
지 않고 바르게 사는 것을 목표로 한다. 그렇기에 교도소 안
에서 복음을 전하는 것도 중요하지만, 출소 후 사회에 적응하
도록 돕는 것도 무척 중요하다.

어느 날 청송 제2교도소에서 편지 한 통이 왔다. 자신을
고아라고 소개한 수용자의 편지였다. 교도소에서 예수님을
영접했고 출소하면 사람들에게 도움이 되는 사람이 되겠다
고 결심했다고 한다. 그런데 막상 출소를 앞에 두고 보니 자기
가 갈 곳은 아무 데도 없다는 것이다. 비빌 언덕이 아무 데도
없다는 사실을 깨닫고 몇 날을 고민하다가 편지를 썼다고 한
다. 그가 고민할 수밖에 없는 상황이 충분히 이해됐다. 많은
수용자가 비슷한 고민을 한다. 그러다 결국 연락을 하는 곳

은 과거 범죄와 연관되었던 사람들이다. 그들과 다시 어울리다 보면 자연스럽게 범죄에 노출되고 교도소로 돌아가게 된다. 어쩌면 재범하지 않도록 하는 것은 출소하면서 이런 고리를 끊어버리는 것에서부터 시작해야 할 것이다.

"제가 교도소에서 예수님을 영접했습니다. 이제는 좀 다르게 살고 싶은데 출소하면 갈 곳이 아무 데도 없어요. 남은 인생은 좀 행복하게 살고 싶습니다. 염치없는 부탁이지만 저를 좀 도와주세요. 열심히 살겠습니다."

남은 인생을 행복하게 살고 싶다는 그의 편지가 마음에 남았다. 그 사람은 3년 동안 상담을 통해 많은 이야기를 나누었던 사람이다. 그의 상황을 누구보다도 잘 알고 있기에 외면할 수 없었고, 외면해서도 안 되었다. 편지를 받은 후 기도하며 지혜를 구했다. 그리고 형제를 만나기 위해 교도소로 향했다.

"어떤 일이 있어도 정말 믿음을 지키며 열심히 살겠습니까?"

"머리 기댈 곳만이라도 있으면 정말 그렇게 살겠습니다."

단도직입적으로 물어보는 질문에 그의 대답 역시 단호

하고 결의에 찼다.

　　이제 내가 그를 돕기 위해 무언가를 해야 하는 상황이다. 내 주머니에 가진 것이 없으니 주변에 있는 지인들을 찾는 수밖에는 없다. 여러 명에게 사정을 말하고 부탁했다. 감사하게도 출소 때에 맞춰서 원룸 하나를 얻을 수 있었다. 출소한 형제는 원룸을 보고는 너무나 감사하다는 말을 끊임없이 했다. 열심히 살아보겠다고 다시 한번 다짐했다.

　　그런데 그 다짐은 몇 달을 넘기지 못했다. 열심히 살아보겠다고 약속했던 사람은 원룸을 빼서 보증금까지 가지고 사라져버렸다. 가면 간다고 인사라도 건넸으면 좋았을 텐데 아무런 말도 없이 갑자기 사라진 것이다. 그동안 잘 있었다는 감사의 인사는 바라지도 않는다. 다만 사람과 사람으로서 만나고 헤어질 때 최소한의 예의라도 지켜줬으면 하는 바람이 있을 뿐이다. 누군가에게 속았다는 사실은 그리 좋은 기분이 아니다. 특히 예수님을 영접해서 다른 사람이 되겠다고 했던 그의 고백은 무엇일까 하는 생각을 하니 마음은 더 무거워졌다. 그래도 한편으로는 감사하라는 마음이 들었다. 비록 몇 달이지만 근처에 있는 동안은 범죄와 관련한 일을 하지 않았

으니 말이다. 이런 사실이라도 위안 삼아야 하는지는 모르겠
지만 말이다.

사실 비슷한 일을 여러 번 경험했다. 그때마다 '도대체
이게 뭔가?' 하는 생각을 한다. 상담할 때 혹은 편지로는 열심
히 살겠다고 말하던 사람들이 출소 후 마음의 변화가 생기니
말이다. 이런 사연을 들을 때마다 고민하고 갈등한다. 도와야
하는가 말아야 하는가 하는 생각을 한다. 속을지도 모른다
는 생각과 이번에는 진심이겠지 하는 생각이 동시에 든다. 이
러지도 저러지도 못하는 나를 보면서 여전히 부족하다고 느
낀다. 급기야는 출소자를 돌보고 그들을 바르게 인도하는 것
은 아무나 할 수 있는 사역이 아니라는 생각마저 든다.

"목사님, 제가 출소하면 갈 곳이 없습니다."
전에 상담했던 사람이 말한다. 그리고 또다시 부탁한다.
"저는 그동안 목사님을 배신한 사람들하고는 다릅니다.
정말 열심히 살 겁니다. 한 번만 저를 믿어 주세요. 목사님이
저를 믿어 주지 않으면 저는 정말 갈 곳이 없어요."
다시 고민에 빠진다. 어떻게 해야 하느냐고 하나님께 기
도하지만 도와야 한다는 마음만 주신다. 늘 그렇듯이 한 푼

도 없는 주머니로 한 번만 더 믿어보자고 결심한다. 이번에도 속아준다는 마음으로 아내와 함께 기도하면서 지인들에게 그리고 선배님들에게 부탁한다. 이런 모습을 본 어떤 분은 답답하고 안타깝다는 심정으로 우리 부부에게 일침을 가한다.

"목사님도 집 한 채 없어서 2년마다 전세금을 마련하기 위해 동분서주하면서 출소자들을 위해 돈을 구하러 다니는 것은 좀 아닌 것 같습니다. 그들을 돌보고 쉼터를 마련하는 것은 좋은데 내 집부터 마련해야 하는 거 아닙니까? 그리고 이런 일을 한다고 누가 알아주기라도 합니까? 그 사람들은 절대로 변하지 않습니다. 그러니 제게는 두 번 다시 연락하지 않으셨으면 좋겠습니다."

모두 맞는 말이다. 한마디 한마디가 가슴에 와서 꽂힌다. 그래도 감사하다고 인사를 하며 마무리한다. 그동안 물질로 도와주었고 기도로 동역해 주었던 것은 사실이기 때문이다. 전화를 끊고 나면 정말로 괴롭다. 어떤 분들은 내 번호로 전화를 하면 일부러 받지 않는다는 이야기를 들었다. 그런 이야기를 들을 때면 더 이상 지인들에게 부탁할 엄두가 나지 않는다.

거절을 경험하고 나면 마음이 무겁기도 하지만 한편으

로는 홀가분한 느낌도 든다. 도움을 요청한 출소자에게 솔직하게 말하고 마무리할 수 있기 때문이다. 내가 가지고 있으면서 돕지 않는 것이 아니고 도와주는 사람이 없어서 돕지 못한다고 말할 수 있기 때문이다. 막막하고 답답한 상황에서 어쩌면 가장 좋은 핑계가 아닐까 싶다.

그런데 기도할 때마다 마음은 힘들다. "너는 도망자다", "너는 영혼 사랑하는 자가 아니다", "너는 위선자다" 하는 마음의 소리가 계속해서 들려온다.

출소자 쉼터는 정말로 필요하다. 출소 후에 오갈 데 없는 이들이 새 삶을 준비하는 공간이 되기 원했건만 생각처럼 되지는 않았다. 더군다나 원룸의 보증금을 빼서 달아나는 분들이 있었기에 금전적인 압박은 고스란히 내게 남기도 했다.

쉼터를 생각하며 기도하면 두 가지 마음이 든다. 돈이 없으니 포기해야 한다는 마음과 그래도 해야 한다는 마음이다. 출소한 사람들을 감당할 수 있는 여력이 없으니 교도소에서 복음을 전하는 것으로 만족하고 쉼터는 그만두는 것이 맞을까? 아니면 출소한 그들에게 꼭 필요한 곳이라는 사실을 너무나 잘 알고 있으니 힘들어도 해야만 하는 것일까?

무너진 마음을 추스르고 다시 기도하기 시작한다. 기도하면서 이런 마음이 들었다. 원룸은 사람이 나가면 돈도 나가지만 아파트를 한 채 사두면 사람이 나가도 집은 남아있어서 계속해서 사용할 수 있겠다는 생각 말이다.

"아버지, 쉼터가 정말로 필요한 것이고 그것을 하기 원하신다면 원룸이 아니라 아파트를 한 채 주세요"

지금 생각하면 참으로 어이없는 기도가 아닐 수 없다. 원룸 보증금도 없어서 쉼터 사역을 해야 하나 말아야 하나 고민하는데 아파트 한 채라니 말이다. 그래서 기도할 수밖에 없었던 것 같다. 아내와 함께 사역에 꼭 필요한 아파트를 달라고 기도했다. 기도하며 교회의 김순남 권사님께 저렴한 아파트가 있는지 알아봐 달라고 부탁했다. 다음날 김 권사님이 급하게 연락했다. 19평 아파트가 나왔는데 너무나 저렴한 가격이라는 것이다. 급매물로 나왔기에 지금 당장 10만 원이라도 계약금을 걸고 가계약을 해야 한다고 했다. 급하게 달려가서 집을 보니 너무 깨끗하고 좋았다. 그길로 집주인을 만나서 계약서를 작성했다. 계약서를 들고 집으로 돌아와서 앉는 순간 머리가 핑 돌았다. 너무나 순식간에 일어난 일이라 다른 것은 생각할 겨를도 없었기 때문이다. 텅 빈 주머니가 생각나면서

중도금과 잔금의 부담이 어깨를 짓눌렀다. 정말로 기도밖에
는 할 수 있는 것이 아무것도 없었다.

　　주변에 구체적인 상황을 말하고, 만날 수 없는 이들에게
는 문자로 기도를 부탁했다. 기도하는 가운데 세 분의 얼굴이
떠올랐다. 항상 도움을 주시는 윤춘오 장로님과 교도소 사역
을 할 수 있도록 발판이 되어주신 오정성화교회 이주형 목사
님 그리고 강변교회의 원로 목사이신 김명혁 목사님이었다.
　　"주님 기도하는 가운데 떠오르게 하신 세 분을 만나려고
합니다. 하나님의 뜻이라면 모든 일이 잘 진행되게 해주세요"
　　기도를 마치고 포항에 계신 윤춘오 장로님을 만나서 상
황을 말씀드리고 부탁드렸다. 이번에도 잘 알겠다고 하시면
서 염려 말라는 말도 잊지 않으셨다.

　　두 번째는 마음의 스승과도 같은 강변교회의 김명혁 목
사님께 뵙고 싶다고 전화를 드렸다. 사무실로 찾아가서 모든
상황을 말씀드렸다. 중도금과 잔금을 마련할 방법이 없으니
어떤 방식이든 도와 달라고 어렵게 부탁했다. 만일 내 집을
장만하는 것이라면 이렇게 부탁하지는 않았을 것 같다. 수용
자를 위한 일이고, 복음을 전하는 일이며, 사람을 살리는 일

이라고 생각했기에 힘들게 입을 열어 부탁할 수 있었다. 또한 교도소 사역을 잘 알고, 사역을 위해 우리 가정을 위해 날마다 기도해 주시는 것을 알고 있기에 용기를 내어 부탁의 말씀을 드린 것이다.

"목사님, 하나님이 시작하신 일을 하나님이 마무리하실 것입니다. 하나님께 맡기고 너무 염려하지 마세요."

위로와 소망을 전하는 김명혁 목사님의 말씀에 마음이 조금은 평안해졌다.

이제 마지막으로 이주형 목사님께 연락했다. 수요일에 교회로 가겠다고 말씀드리니 그날 저녁 예배 때 설교를 해달라고 말씀하셨다. 설교를 위해 조금 일찍 가서 목사님과 교도소 사역과 출소자 쉼터에 관한 이야기를 나누었다. 그리고 현재 상황을 이야기했다. 설교를 마친 후 이주형 목사님이 광고를 위해 강대상에 오르셨다.

"성도님 모두가 알다시피 이기학 목사님은 청송에서뿐만 아니라 여러 교도소에 다니면서 복음을 전하고 수용자들과 출소자들을 섬기고 있습니다. 이번에 출소자를 위한 쉼터를 마련하기 위해 아파트를 계약했다는데 재정이 여의치 않은 상황입니다. 우리가 교도소에서 가서 사역하고 출소자를 직접 섬길 수는 없지만, 사역을 위해 협력할 수는 있습니다. 그러니 마음이 있는 분들은 큰 금액이든 적은 금액이든 상관없이 감동되는 대로 작정하여 협력했으면 좋겠습니다."

집으로 오는 중에 이주형 목사님으로부터 전화가 왔다. 성도님들이 설교를 들으면서 마음에 감동이 있었고, 감동한 분들이 기도하며 헌금을 작정했다고 한다. 헌금이 모이면 그대로 전달할 테니 너무 염려하지 말고 힘내라고 하셨다. 그 말씀을 듣는 순간 눈물이 나오기 시작했다. 목사님과 성도님들께 감사했고, 모든 일을 이끌어 가시는 하나님께 감사했다.

다음날 집주인에게 연락해서 중도금없이 잔금으로 한번에 치르겠다고 말했다. 그리고는 잔금 치르는 날이 오기 전에 잔금이 다 마련되어 고생하지 않게 해달라고 하나님께 기도했다. 오래전에 청송에서 목회할 때 교회 앞에 집을 사서 게스트하우스를 만들었던 일이 기억났기 때문이다. 그때도 비슷한 상황이었다. 잔금 치르는 날까지 모든 돈을 끌어모아도 잔금이 마련되지 않아서 심하게 마음고생을 했었다. 잔금을 마련하지 못한 채로 집주인을 만나러 가면서 간절하게 기도했던 생각을 하면 지금도 숨이 막히기 때문이다. 그래서 하나님이 하시는 일에 잔금 때문에 염려하지 않게 해 달라고 기도를 한 것이다.

하나님은 그 기도를 들어 주셨다. 아니 더 많이 넉넉하게 채워주셨다. 잔금을 다 치르고도 남은 돈으로 쉼터에 필요한 가전제품과 생활용품까지도 살 수 있었다. 지금 생각해도 아찔하다. 다시 하라고 한다면 아마도 못할 것 같다. 하나님이 하셨기에 가능했다는 생각만 들 뿐이다.

쉼터를 생각할 때마다 감사한 분들이다. 김명혁 목사님, 이주형 목사님, 윤춘오 장로님, 최상수 집사님, 이정숙 권사님, 전찬숙 권사님, 정현경 집사님 그리고 무명으로 도와주신 여러 명이 있었기에 쉼터가 마련될 수 있었다. 앞으로 몇 명이나 쉼터에서 머물지는 모르겠으나 그곳에서 머무는 모든 이에게 진정한 쉼터가 되었으면 좋겠다. 처음 생각하고 기도했던 것처럼 사회를 향해 나아가는 적응의 장소가 되고 삶을 위한 소망의 장소가 되기를 바란다. 특별히 믿음으로 든든하게 서는 장소가 되기를 기도하고 있다.

내 안에 가득한 것이
입으로 나온다

　　요즘 기도하고 소망하는 일이 하나 있다. 마음에 상처를
입은 사람들이 편하게 쉬면서 회복할 수 있는 장소가 있었으
면 하는 것이다. 복잡하고 빠르게 돌아가는 세상에서 많은
분이 마음의 상처로 인해 힘들어한다. 정신병원에 가서 도움
을 받기도 하지만, 정신병원에 갔다는 이유만으로도 사람들
의 시선이 쏠리기에 눈치를 볼 수밖에 없다. 그래서 정신병원
을 쉽게 찾지 못하는 게 현실이다. 마음에 입은 상처는 깊어
가는데, 치유할 곳을 찾지 못하는 이들을 위해 심신을 회복
할 수 있는 장소는 꼭 필요하다.

　　교도소에 온 사람들 대부분은 어린 시절에 폭언과 폭행
에 노출된 경우가 많다. 가정에서 부모와 주변의 어른들에게

당한 폭언과 폭행으로 인하여 마음에 분노가 가득하고 감정 조절이 되지 않는 상태가 된 것이다. 그래서 도화선이 되는 일이 발생하는 순간 폭발하는 것이다. 이들이 공통으로 이야기하는 것은 어린 시절에 경험한 폭언과 폭력의 트라우마를 해결할 방법이 없다는 것이다. 평생을 트라우마 속에 살아간다고 한다. 어쩌면 마음속에 핵폭탄을 품고 사는 것과 같다고 할 것이다. 불발탄이 아니라 언제 터질지 모르는 위험천만한 폭탄이다. 이러한 분들이 위로를 얻고 상처를 치유할 수 있었으면 좋겠다.

말은 놀라운 힘이 있다. 말을 어떻게 하느냐에 따라서 그 행동이 바뀐다. 그도 그럴 것이 말은 우리 내면에 가득한 것을 입 밖으로 표현하는 것이다. 그래서 아무 의미 없이 말했다고 하지만 그 말에는 내면 깊은 곳에 자리한 무의식이 담겨 있는 것이다. 우리는 생각하는 것과 다른 것을 말하기도 한다. 그런데 생각과 다른 말을 계속해서 하다 보면 어느새 생각이 말을 따라가는 경우가 있다. 가끔 영화를 보면 경찰이 신분을 숨기고 범죄집단에 잠입하여 수사하는 내용이 있다. 그런데 시간이 지나면 자신의 신분을 망각하고 혼란스러워 한다. 경찰이 범죄자들의 말을 하고, 그들의 행동을 보면서 나도 모르게 닮아 가는 것이다. 이런 것은 영화라서 그런 것이 아니다. 사람이라면 누구나 그렇다. 그만큼 말이 주는 영향이 크다는 것이다. 어쩌면 말은 그 사람의 영적인 상태를 드러내는 바로미터가 아닐까 생각한다. 어떤 말을 많이 하는지 스스로 돌아보면 자신의 영적 상태를 확인할 수 있을 것이다. 제아무리 성경을 많이 읽고 지식이 풍부하다고 해도 그 입에서 나오는 말이 거칠고 험하다면 진지하게 생각해 봐야 할 것이다. 성경은 하나님을 사랑하고 이웃을 사랑하라고 말씀하는데 거칠고 험한 말은 그 누구도 사랑하는 마음에서 나오는 것이 아니기 때문이다. 성령 하나님과 동행하는 사람이라면 부드럽고 따뜻한 말로 상대를 위로하는 것이 마땅한 일일 것이다.

예수님이 기도하셨던 것처럼 조용한 산에서 마음을 다하여 기도하고 묵상할 수 있으면 좋겠다. 자신의 입에서 나오는 말을 살펴보고 진솔한 마음으로 하나님께 나아갈 수 있는 곳, 상처 입고 복잡한 심령을 가지고 와서 위로와 회복을 경험할 수 있는 장소가 필요한 이유다. 하나님이 만드신 자연을 통해 하나님이 주신 은혜를 경험하게 된다면 그는 다른 사람에게 사랑과 행복을 주는 사람이 될 것이다. 내면의 회복을 통해 우리의 언어가 부드러워지기를 바란다. 환경이 나를 힘들게 하는 것이 아니라 내 안에 가득한 것이 나를 힘들게 한다는 것을 기억하면 좋겠다. 내 안에 가득한 것이 밖으로 나오는 언어 습관을 통하여 내 삶을 돌아보는 기회가 되기를 소망한다.

그리스도인답게
사랑을 전하는
사람

교도소 사역은 어느 개인의 사역이 되어서는 안 된다. 교도소 사역은 전문사역자와 교회가 협력하여 교도소 안에 있는 이들에게 복음을 전하고 출소한 이들에게 따뜻한 사랑을 전하여 믿음의 삶을 살게 하는 것이다. 그것을 돕고 바른길로 가도록 이끄는 것은 어느 개인이 할 수 있는 일이 아니다.

교도소 안에는 밖에 있을 때 신앙생활을 하던 사람들이 의외로 많다. 물론 교도소에서 처음으로 예배를 드려본 사람도 많다. 그래서 교정 사역은 수용자들의 특성을 잘 파악하고 거기에 맞는 상담과 신앙교육을 해야 한다. 무엇보다도 죄의 습성을 가지고 있는 자신을 발견하게 해야 한다. 오직 나의 만족을 추구한 삶이 얼마나 위험한 삶이고, 그것이 죄인의 삶이라는 사실을 깨닫게 해야 한다. 우리 삶의 마지막에는 영원한 생명과 영원한 죽음이라는 심판이 있다는 사실을 단호하게 전해야 할 것이다.

　교도소에서 복음을 전하는 일은 전문사역자의 영역이라고도 할 수 있다. 하지만 출소 후 사회에 나간 이들을 돌보는 것은 누구 한 사람만의 사역이 아니다. 교도소에서 예수님을 믿었지만, 출소 후 갈 곳이 없는 이들이 많다. 또한 범죄와 연관된 삶을 살아온 이들을 향한 시선은 그리 곱지 않다. 출소 후 기거할 거처와 생계를 꾸리기 위해 넘어야 할 현실적인 문제가 놓여있다. 게다가 범죄자라는 신분은 어느 곳에서도 따뜻한 시선을 받지 못하는 꼬리표가 되어있다. 이러한 이들에게 따뜻한 말 한마디와 현실적인 도움을 줄 수 있는 곳은 교회뿐이라고 생각한다. 예수님의 사랑을 알고 있는 그리스도인들이 나서야만 하는 것이다. 그래서 교회 안으로 들어오는 사람들의 과거를 살피거나 현재 신분에 관심을 두지 말고, 그냥 그리스도 안에서 서로 존중하고 사랑할 대상으로만 여겼으면 좋겠다. 현실적인 어려움을 보고 외면하지 않는 교회, 가능한 수준에서 경제적인 안정을 찾을 수 있도록 십시일반으로 돕는 교회가 되어야 할 것이다.

예수님은 의인을 구원하러 오신 것이 아니라 죄인을 구원하여 함께 하시기 위해 오셨다고 말씀하셨다. 우리는 모두 죽을 수밖에 없는 죄인이라는 사실을 알아야 한다. 우리의 능력과 자격으로 구원을 받은 것이 아니라는 사실을 깨닫는다면 출소한 이들에게 다가가는 것이 조금은 쉬워질 것이다. 이미 사랑을 받은 우리가 아직 사랑을 깨닫지 못한 이들에게 베풀어 주는 것이야말로 이 땅에 사는 우리에게 바라시는 바일 것이다.

"내가 진실로 너희에게 이르노니 너희가 여기 내 형제 중에 지극히 작은 자 하나에게 한 것이 곧 내게 한 것이니라 하시고"(마 25:40)

우리가 교도소에 있는 수용자나 출소한 사람들에게 복음을 전하고, 거처를 마련하고 생계를 돕는 것은 그들이 받을 만한 사람이라서가 아니다. 또한 우리가 그들보다 우월한 무언가가 있어서도 아니다. 그저 우리가 거저 받았기에 흘려보내는 것이고, 그것이 하나님에게 한 것이라고 말씀하시기에 그렇게 하는 것이다. 결국 그리스도의 사랑으로 구원을 받은 사람이라면 누구에게나 주어진 일인 것이다. 각자 할 수 있는 형태로 사랑을 전해야 한다는 것이다. 모두가 주님의 뜻을 드러내어야 할 것이다.

성도의 따뜻한 말과 행동은 갇힌 영혼들에게 소망과 빛을 준다. 어둠에서 빛으로 나오는 계기를 마련한다. 하나님은 모든 사람이 예수를 그리스도로 고백하고 빛의 자녀가 되기를 원하신다. 그리스도 안에서 행복하게 살기를 원하고 계신다. 우리는 하나님의 뜻을 알고 그대로 행하는 사람이 되어야 한다. 그래서 세상 사람들은 돌을 던지고 욕을 하며 외면하더라도 예수 안에 있는 우리는 손을 내밀어야 한다.

"나도 또한 죄인입니다."

주님께서 이런 나를 용서하시고 구원하신 것은 세상에 그 사랑을 전하라고 하신 것이다. 난 내 생명이 다하는 그 순간까지 교도소에서 예배하고, 상담할 것이다. 필요하면 접견도 하고, 때로는 호통치면서 복음을 전할 것이다. 그리고 주님께서 허락하시는 동안 극동방송을 통해 옥에 갇힌 영혼들의 이야기를 전할 것이다. 그들에게 그리스도인들이 있는 이 세상은 따뜻한 곳이라는 사실을 알게 할 것이다.

오늘도 나는 만나는 이들에게 말한다.

"그리스도의 사랑은 교도소 안에 있는 영혼들의 과거 행적을 보지 않고 그들에게 거룩한 소망을 줍니다."

"하나님 아버지, 교도소 담장 안에 있는 영혼들을 위해 기도합니다. 그들이 말씀을 듣고 세상의 죄를 지은 죄인이면서 하나님께 죄를 지은 진짜 죄인이라는 사실을 깨닫게 하옵소서. 그래서 자신의 죄를 고백하고 하나님의 자녀로 거듭나기를 원합니다. 출소 후에도 믿음을 잃지 않고 성령 하나님의 인도하심을 따라 선한 길로 한 걸음씩 걸어가며 바르게 살고자 힘쓰는 이들이 되게 하옵소서. 특히 교도소 밖에 있는 그리스도인들이 그들의 손을 잡아 주고 따뜻하게 맞아 주는 사랑의 전달자가 되기를 원합니다. 그래서 우리 모두 하나님의 사랑을 받은 그리스도인답게 이 땅을 살아가게 하옵소서. 우리 주 예수 그리스도의 이름으로 기도합니다. 아멘"

2부

생명의 말이 스며들다

"목사님! 성경을 배우고 싶습니다."

2018년 12월, 한 교도소에서 편지 한 통이 왔다. 신창원 형제의 편지였다.

존경하는 목사님께!

시험이 끝나고 긴장이 풀려서 그런지 건강에 자잘한 문제가 연이어 생겼습니다. 다행히 지금은 모두 회복되어 건강하게 잘 지내고 있습니다.

시험은 합격했습니다. 목사님의 기도와 응원 덕분인 것 같아 감사를 드립니다. 주관식 서술형 문장의 점수를 예측할 수 없어 불안했었는데 생각보다 좋은 점수를 받아서 기쁩니다. 유독 힘겨운 과정이었던 만큼 성취감이 크네요. 지금은 영어 공부를 하면서 통신 신학 과정을 알아보고 있습니다. 그런데 어려움이 있습니다. 예전에 통신신학대학교에 관련한 광고가 월간지에 많이 올라와 있었는데 지금은 찾아보기 힘드네요. 통신 신학 대학교가 사이버 대학으로 바뀐 게 아닌가 하는 생각이 듭니다. 목사님께 통신 신학과 관련한 정보를 부탁드려도 되겠는지요.

- 중략 -

즐겁고 뜻깊은 크리스마스 되시고, 다가오는 새해에는 더욱 크신 능력을 하나님께서 주셔서 목사님을 통하여 사랑의 역사가 곳곳에서 일어나게 되시길 기원 하겠습니다. 주님의 참사랑과 평안함이 모든 분에게 함께 하시기를 …

2018년 12월 신창원 드림

여러 번 대화를 통하여 이젠 제법 가까워진 것 같은 느낌이다. "처음엔 힘들었는데 생각해 보니 얻은 게 참 많네요. 이래서 하나님이 우리에게 고난을 주시는 가 봅니다, 고난을 통해서 내적인 성장이 이루어지니까요."라는 말을 할 정도로 그의 내면의 상태가 좋아졌다. 그리고 이제는 성경을 배우고 싶다고 한다.

편지를 받고 통신으로 신학을 공부할 수 있는 곳을 찾

앗지만 여의치 않았다. 그래서 소속 교단인 예장 합신의 총회 교육부장 하광영 목사님께 연락해서 정황을 이야기했다. 총회에서 성도를 대상으로 하는 성경공부 교재가 있다면 받을 수 있는지 물었다. 하 목사님은 합동신학교 교수들이 집필한 좋은 교재가 있다고 말했다. 그것이 큰 도움이 될 것이라고 말하면서 세 권을 보내주셨다. 교단에서 보낸 책을 전달했고, 신창원 형제가 그 책으로 성경을 공부하고 있다는 소식을 전해 들었다.

신창원 형제를 처음 본 것은 청송 제2교도소에서다. 어느 날 교도소 직원이 청송에 신창원이 왔으니 기도를 부탁한다고 했다. 그리고 얼마 후에 사회복귀과장님이 이런 말을 했다.

"목사님, 이 사람은 밖으로 나갈 수 없는 무기수입니다. 평생 교도소에서 살아야 하니 뭐라도 할 수 있게 하는 것이 어떻겠습니까? 교도소에서 있으면서 작은 소망이라도 가질 수 있도록 공부를 할 수 있게 하는 것은 어떨까요? 검정고시 공부를 하도록 도와주는 것 말입니다."

진심이 담긴 제안을 듣고 마음이 움직였다. 사회복귀과 장님과 교도소의 배려로 공부를 할 수 있도록 했다. 나름대로 열심히 공부한 결과 검정고시로 고등학교까지 나오고 지금은 독학사까지 마친 상태다.

당시 신창원의 이야기라면 모든 언론사에서 경쟁하듯이 다루었다. 세상에선 그의 일거수일투족이 관심이었지만, 교도소 안에서는 이 사람의 생활과 앞날이 더 걱정이었다. 사람들에게 신창원의 이름을 말하면 반응하는 온도 차가 심하다. 내 눈에는 어린 시절을 아프게 보낸 사람 중 한 사람일 뿐이다. 물론 아픈 과거가 있다고 해서 범죄자가 되는 것이 당연하다는 말을 하는 것이 아니다. 단지 그런 아픈 과거가 많은 이들에게 또 다른 아픔을 주었다는 사실에 마음이 아플 뿐이다. 그런데 이제는 예수님을 영접하고 믿음으로 살겠다고 한다. 성경을 배우고, 사람들에게 자신의 삶을 보이며 바른길을 제시한다고 하니 이 얼마나 감사한 일인가 말이다. 언젠가 신창원과 같은 교도소의 한 수용자와 상담했던 일이 있다. 신창원의 평상시 교도소 생활을 보고 있는 그는 신창원이 정말로 믿음을 가진 것 같다고 말했다. 성경을 읽고 기도도 하면서 하루하루 감사하며 살려고 노력하는 것 같다고 했다.

2018년 교도소 예배 때 특송을 했다. 예배 후 교도소 사역을 하는 허부경 전도사님이 신창원 형제를 위해 기도할 수 있는 시간을 조금만 달라고 교도관에게 부탁했다. 평소 신창원 형제는 물론 수용자를 위해 기도하는 것을 알고 있는 교도관은 잠깐의 시간을 허락했다. 교도관은 사동으로 들어가는 신창원을 불렀다. 뒤돌아서 내게 온 신창원은 얼굴을 보고 인사를 하는 대신 내 품에 안겼다. "목사님 여전하십니다. 그동안 많이 보고 싶었습니다."라는 짧은 인사를 건넸다. 그를 위해 기도한 후 지금처럼 믿음으로 살기 위해 노력하자고 말했다. 나지막한 소리로 '아멘'이라고 대답하는 그의 목소리에는 결연한 의지가 느껴졌다.

하나님은 당신의 백성을 인도하신다. 아픈 시간을 통하여, 때로는 절망의 시간을 통하여 훈육하고 연단하신다. 성숙한 믿음의 사람으로 자라도록 끝까지 인도하신다. 그리고 예수를 그리스도로 믿고 전하는 사람이 되게 하신다. 비록 많은 죄를 저질렀지만, 아니 죄를 저지르지 않고 하나님께 왔으면 더 좋았겠지만, 그나마 다행인 것은 그 영혼이 바른길을 가고자 노력하고 있다는 점이 아닐까 생각한다. 변하게 하시는 하나님의 은혜에 감사할 수밖에 없다.

천사가 천사 되다

1004번은 수인번호다. 아직도 생생하게 기억이 되는 수인번호다. 당시 나는 청송 보호감호소에서 감호자들로 구성된 오네시모 성가대를 담당하여 지도하고 있었다. 1004번도 성가대에서 만났다. 그가 교도소에 오게 된 것은 절도 때문이다. 첫 번째 절도는 순간적인 마음을 억누르지 못하여 잘못된 행동을 저질렀다고 한다.

그는 원단 사업을 했다. 처음에는 사업이 그럭저럭 잘 되어 매출이 조금씩 늘어 갔다. 그런데 문제는 외상 매출이 누적되었다는 것이다. 매출은 늘었지만, 수금이 되지 않으니 현금의 흐름은 원활하지 않았다. 어느 순간 현금이 부족하여 공장을 돌리기가 어려운 상태가 되고 말았다. 그는 외상으로 원단을 가지고 간 사람을 찾아가 결제를 요구했다. 어느 교회의 장로였던 사장에게 원단 대금을 달라고 몇 번이고 간곡하게 부탁을 했지만, 돈을 갚기는커녕 오히려 냉대하며 쫓아냈다. 게다가 돈이 없어서 결제할 수 없다고 하면서 다른 곳에 돈을 펑펑 쓰는 것을 보고 도저히 참을 수 없었다고 한다. 그래서 창고에 있는 납품한 원단을 들고 와 버린 것이 그만 절도가 된 것이다. 억울한 상황을 법에 호소했지만, 돌이킬 수는 없었다. 절도로 법정 구속이 되고 말았다. 그렇게 첫 번째 수용자가 되었다.

짧은 수감 생활을 한 후 너무나 억울해서 그 장로를 찾아가서 돈을 달라고 하니 여전히 냉담하게 대하면서 이런저런 핑계를 댔다고 한다. 정상적으로 거래한 물건값을 받으려는데 이렇게 어렵고 힘들게 하는 사람이 싫었고, 내 편은 아무도 없는 것 같은 상황이 너무나 싫었다. 순간 아무것도 생각하지 않고 차를 대고 원단 전부를 실었다고 한다. 이 또한 절도죄가 되기에 집으로 갈 수 없어서 도망을 다니게 되었다. 도망을 다니던 어느 날 아내와 아이들이 너무나 보고 싶어서 몰래 집으로 갔다. 아내는 원단을 모두 돌려주고 자수하자고, 잘못을 인정하고 새롭게 시작하자고 설득했다. 그런 아내의 말이 너무나 싫었다. 특히 예수를 믿는 사람은 원수를 사랑하고, 언제나 정직해야 한다는 말에 화가 치밀어 올랐다고 했다. 그도 그럴 것이 자기 공장에서 원단을 가지고 간 사람이 장로였기 때문이다. 따지고 보면 이렇게 된 모든 원인은 그 사람에게 있는 것이기 때문이다. 공장을 살리기 위해 납품한 원단값을 달라고 부탁하고, 애원했는데 그 장로는 법대로 하라면서 오히려 큰소리를 친 것이다. 자기 돈은 갚지도 않고 교회에는 십일조와 감사헌금, 선교헌금을 내며 믿음이 좋은 척하며 예배할 것을 생각하니 치가 떨렸다고 한다. 원수를 사랑하고, 정직해야 한다는 사람이 어떻게 그럴 수 있느냐고 소리치고 싶었고, 나도 교회를 다녔지만, 이제부터 하나님은 없다고 생각하기로 했다. 하나님이 계시면 저런 사람을 어떻게 장로로 세우고, 그대로 둘 수 있느냐는 의문이 들었기 때문이다. 저런 악한 사람이 버젓이 교회로 장로로 있는 것을 보니 하나님은 없고 교회에 다니는 사람들은 다 사기꾼이라는 생각이 들었다고 한다. 아내에게도 교회에 나가지 말라고 했다. 그런데도 아내는 사람을 보고 믿을 것이 아니라고 말하며 계속 설득했다. 그 사람이 악한 행동을 했더라도 예수님은 용서하고, 사랑하라고 하셨으니 우리는 성경대로 하면 된다고 말했다고 한다. 그 말에 화가 머리까지 올라왔다. 화난 마음에

술을 마시고 잠이 들었고, 잠을 자는 사이에 아내가 경찰에 신고했다. 두 번째 절도로 잡히는 순간이었다.

이번에는 사회보호법으로 인해 보호감호 처분을 받았다. 보호감호가 끝나고 나가면 정말로 가만히 있지 않겠다고 결심했다. 나를 이 지경으로 만든 장로는 물론이고 아내와 처가까지 모두 죽이고 난 후 나도 죽을 것이라는 다짐했다고 했다. 내가 지금 그런 심정으로 살고 있으니 목사님은 자신에게 이래라저래라 아무 간섭도 하지 말라는 것이다. 1004번을 위해 기도할 수밖에 없었다. 그가 성가대에 계속 있기를 기도했고, 그 마음에 평안함이 있기를 기도했다.

어느 날, 1004번이 성가대 연습이 끝나고 난 후 상담을 요청했다. 그래서 교도관에게 양해를 구하여 상담 시간을 마련했다. 마주 앉은 그가 말을 꺼냈다. "찬송가를 부르면 마음이 너무나 편하고 잠이 잘 옵니다. 계속해서 성가대를 하면서 찬송가를 부르고 싶습니다."

참으로 기쁜 일이었다. 그러나 이렇게는 안 될 것 같았다. 꼭 말하고 싶은 것을 말할 기회가 지금인 것 같아서 조심스럽게 말을 이었다.

"마음에 화를 품은 사람이 예배 시간에 성가대에서 찬송하는 것은 모순처럼 생각됩니다. 그 장로와 아내에게 분노의 마음을 품고 단지 자기 마음의 평안을 위해 성가대에서 찬송하는 것이 너무나 안타깝습니다. 형제님이 정말 성가대를 계속하고 싶다면, 당분간은 성가대에 서지 말고 예배를 다섯 번 이상 참석했으면 좋겠습니다. 그리고 말씀을 보면서 내가 성가대에 서야 하는 이유를 찾았으면 좋겠습니다. 그 후에 나에게 이야기를 하면 다시 설 수 있도록 교도소 측과 상의하겠습니다."

1004번 형제는 말없이 듣고 있었다. 그리고 고개를 끄덕였다. 기독교회장에게 이 사람이 예배에 참석하는지 참석하지 않는지 확인해 달라고 부탁했다.

5주가 지난 후 기독교회장으로부터 편지가 왔다. 1004번 형제가 다섯 번 예배에 참석했고, 더 이상 욕을 하지 않는다는 내용이었다. 가까이에서 이런 변화를 경험하는 게 신기하다는 말을 덧붙였다. 편지를 읽은 후 기독교 담당 교도관을 만나서 1004번이 계속해서 성가대에서 봉사할 수 있도록 했다. 나중에 안 일이지만 이 형제는 성가대에 서고 싶은 마음에 빠지지 않고 예배에 참석했고, 다른 감호자들에게도 잘 보이는 행동을 한 것이었다. 그 마음에는 여전히 그 장로와 아내를 향한 분노로 가득 차 있었다.

그에게 자주 했던 말이 있다. 십자가의 은혜로 구원을 받은 나를 생각하라는 말이다. 나는 예수님을 믿으니 천국에 갈 것이라고 확신할 수 있는가? 아니면 단지 마음의 위안을 삼기 위해 믿는 척하고 있는 것은 아닌가? 스스로 생각해 보아야 한다고 했다. 어느 날, 설교를 들을 1004번 형제가 정색을 하며 이런 말을 했다.

"목사님, 저번에 설교하신 말씀이 무슨 말씀입니까? 나는 사도신경을 암송하고 주기도문도 암송합니다. 예수님이 내 죄 때문에 십자가에서 죽으시고 부활하신 것을 믿고, 이 땅에 다시 오실 것도 믿고 있습니다."

"내가 보기에 형제는 믿는 척하고 있는 것 같습니다. 정말 믿는 것 같지는 않습니다."

그는 놀라면서 그게 무슨 말이냐고 되물었다. 왜 그러냐고 이유를 가르쳐 달라고 했다. 그의 말에 솔직하게 말했다.

"첫째, 마음에 화가 많이 있는 것 같습니다. 솔직히 형제님은 출소 후 아내와 그 장로를 죽이고 나도 죽겠다는 말을 입에 달고 다닙니다. 하지만 믿는 사람은 그렇게 말하지 않습니다. 믿지 않는 사람은 자기의 죄를 모르기에 억울함에 호소하고 마음의 분노를 행동으로 나타냅니다. 아직 내가 죄인이라는 사실을 모르기에 그렇게 말하는 것입니다. 내가 죄인인 줄 모르는 사람이 어떻게 예수님의 사랑을 깨닫고, 어떻게 구원의 은혜를 알겠습니까. 만일 예수님의 사랑과 구원의 은혜를 아는 사람이라면 복수심에 사로잡혀 아내도 죽이고, 그 장로도 죽인다는 말을 어떻게 할 수 있겠습니까."

1004번 형제는 아무 말 없이 듣고 있었다. 계속 말을 이어갔다.

"둘째, 형제님은 감사가 없는 것 같습니다. 저는 형제님의 아내가 참된 믿음의 사람이라고 생각합니다. 형제는 집에 편지할 때마다 나가면 죽인다고 협박하는 내용을 쓴다고 했습니다. 그런데 아내는 그런 형제를 위해 기도한다는 내용의 편지를 보내오고 있습니다. 출소하면 죽인다고 하는 남편을 위해 끊임없이 기도하겠다고 말하는 아내가 어디에 있겠습니까. 진정으로 남편을 사랑하는 아내가 아니겠습니까. 구원의 은혜를 아는 사람이라면 나를 위해 기도하는 그의 손길이 얼마나 감사한지 알 것입니다. 그리고 비록 교도소에 있지만, 이곳에서도 하나님이 인도하신다는 것을 느끼며 감사하지 않을 수 없을 것입니다. 정말로 믿는다면 회개하고, 감사하며 돌아서는 것입니다. 믿지 않는 사람들도 주여 주여 하며 예배드리고, 믿는 척은 할 수 있습니다. 하지만 그들의 내면은 여전히 하나님을 믿지 않기에 감사가 아니라 원망과 분노로 가득한 것입니다. 정말 하나님의 나라를 믿는다면 내 마음을 잘 살펴보아야 할 것이다. 내 안에 원망과 분노가 있는지 아니면 회개와 감사 그리고 기쁨이 있는지 말입니다."

말이 끝나자 갑자기 울먹이기 시작했다.

"목사님 제가 잘못 살아온 것 같습니다. 목사님 말씀을 듣고 보니 전 가짜였고, 믿는 척만 한 것 같습니다. 생각해 보니 제 아내는 정말 믿음의 사람인 것 같습니다. 그 장로에 대해서는 아직도 화가 나지만 최소한 아내의 고마움은 이제야 알 것 같습니다."

목이 메는 소리로 고백하고는 목 놓아 울었다.

그 일이 있고 2년이 지났다. 출소를 얼마 앞둔 어느 날 귀휴를 다녀온다는 편지를 받았다. 그 편지를 받고 기도만 했다. 그런데 얼마 후 1004번 형제가 교회에 찾아온 것이다. 청송에서 목회하고 있는 교회에 온 것이다. 1004번 형제는 귀휴를 빨리 마치고 감호소로 가는 중에 내가 보고 싶어서 왔다고 했다. 너무나 뜻밖의 만남이었다.

형제는 귀휴 동안에 있었던 이야기를 했다. 아내와 장모님을 찾아가 무릎을 꿇고 그동안 편지로 악담을 하고, 공포심을 준 것에 진심으로 사과하고 용서를 구했다고 했다. 아내와 장모님은 그런 자신을 붙잡고 울면서 고맙다고 하고, 자신은 아내와 장모님의 말에 너무나 감사해서 같이 울었다고 한다. 한참을 울고 난 후에 남은 삶은 믿음으로 살자고 서로가 다짐하고 약속했다는 것이다. 정말로 감사했다. 눈물이 핑 돌았다. 잘 했다고, 정말 큰 용기를 내었다고 말하면서 손을 꼭 잡았다. 앞으로 어떤 경우라도 사람을 보지 말고, 오직 예수님만 바라보자고 했다. 절대로 사람들 말에 마음 빼앗기지 말고, 오직 하나님 말씀만 붙잡고 살면 하나님의 선한 손길이 인도하시는 대로 살 수 있다고 했다. 이번 고난을 통해 더 성숙한 모습으로 성장하게 하신 하나님이 앞날도 책임져 줄 것이라는 말을 하며 함께 울고 말았다.

하나님의 섭리는 참으로 알 수 없다는 생각을 했다. 날마다 남편을 위해 기도했던 아내와 돌고 돌아 결국 하나님의 품으로 돌아가는 1004번을 보면서 더 그렇게 생각이 되었다. 하나님은 지금도 믿음으로 기도하는 자의 기도를 들으시고, 택하신 자를 끊임없이 부르고 계신다. 우리가 쉬지 말고 복음을 전해야 하는 이유이기도 하다.

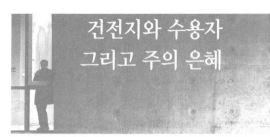

건전지와 수용자
그리고 주의 은혜

날마다 일어나는 일을 보며 하나님이 택하신 자녀를 어떻게 인도하시고, 어떻게 위로하시는지 깨닫게 하신다. 하나님의 섭리라고 말할 수밖에 없는 일이 매 순간 일어난다. 사회에서는 도무지 상상할 수 없는 일들이다. 어느 수용자에게서 온 편지를 소개한다.

샬롬!
사랑하는 이기학 목사님께 올립니다.

아까 목사님을 뵈러 가기 전까지만 해도 사고를 쳐서 병원에 한 달 정도 입원해 있다가 바로 이송을 갈 생각까지 했습니다. 직원들 몇몇도 징계를 먹게 하려는 악한 마음으로 방에 있는 짐을 다 싸 놓고 마음을 굳혔습니다. 그리고 이제 막 시작하려고 화장실에 들어가서 건전지를 날카롭게 만들기 위해 열심히 갈고 있었습니다.

그런데 하나님께서 이 못난 저를 어떻게 쓰시려는 건지 … 오늘 아침에 목사님께 서신을 써 보냈는데 목사님께서 이 못난 놈을 보러 이 먼 길까지 오신 것입니다. 어떻게 이리도 시기가 딱 맞는 건지, 우연인 건지 아니면 주님께서 못난 제게 보여 주신 주님의 은혜와 놀라운 기적인 건지 … 모든 것을 다 마무리 짓고 감정을 가라앉히고 저녁에 이렇게 목사님께 서신을 쓰면서도 놀랍고 신기하기만 합니다.

계장님이 저희 관구 팀장이신데, 그동안 쌓이고 쌓였던 것이 달랜다고 쉽게 풀어질 상황이 아니었었는데, 문을 열고 목사님의 얼굴을 보는 순간, 아니 제 두 손을 꼭 잡고서 기도해 주시는데 터질 것 같은 저의 분노가 조금씩 가라앉기 시작하더니 목사님께서 가신 후에도 한동안 눈물을 좀 흘리며 울었습니다.

제가 눈물을 잘 안 흘리는 편입니다. 참고 살아 본 적

없이 분노와 화가 일어나면 분노와 화를 모두 쏟아붓고 터트리면서 살아왔던 제가 목사님을 뵙고 나서부터 눈물을 흘리기 시작했습니다. 하나님께서 부족하고 못난 저를 귀히 쓰시기라도 하려는 듯 타이밍이 그렇게 맞게 되니 놀랍고 신기해서 눈물이 나더란 말입니다. 오늘은 목사님을 뵐 시기도 아니었는데 목사님을 뵙게 되었고, 만약 오늘 목사님을 못 뵈었다면 저는 아마도 200%로 크게 사고를 치고 직원들도 몇몇 징계를 먹게 했을 것입니다.

목사님을 뵙고 돌아와서 관구 상담실에 가서 계장님께도 항상 감사한 마음과 죄송한 마음을 가지고 있다고 말했습니다. 그리고 마음을 차분하게 하고 근무 중인 주임께도 가서 싸가지 없이 행동해서 죄송하다고 제가 먼저 말씀을 드렸습니다.

목사님께서 먼 곳에서 이곳까지 오시는데, 이 부족하고 못난 녀석을 보러 오시는데, 밝고 웃는 모습을 보여 드리지는 못할망정 안 좋은 모습을 보여 드려 돌아가시는 목사님의 발걸음을 무겁게 해 드린 것 같아 진심으로 죄송한 마음입니다. 목사님께 근심과 걱정거리를 안겨 드려 죄송합니다.

그래도 별 탈 없이 잘 지나갔고 모두 마무리를 지었으니 너무 심려치 마시길 부탁드리겠습니다.

그리고 목사님 말씀대로 성경책 잠언을 읽어 보도록 하겠습니다.

아무쪼록 목사님께 죄송하고 사랑합니다,

교도소를 다니고 사람을 만나며 내가 사역한다고 말하지만, 눈에 보이는 현실은 하나님이 하신다고 말할 수밖에 없다. 이런 일을 어떻게 알고 행동하겠는가? 하나님이 주시는 마음에 순종하고, 이끄시는 대로 움직일 뿐이다.

차태현의 아버지,
성우 차재완 장로

　　비슷한 일이 반복되는 것은 무언가 특별한 일이 아닐까
싶다. 꽤 오래전에 귀한 분의 환갑잔치에 참석한 일이 있었다.
가까운 지인 350명을 초대한 자리였으나 일면식도 없는 우리
부부가 참석한 것이다. 당시 미술치료를 하던 권사님과 몇몇
이 상담을 위해 함께 서울로 향하는 길이었다. 일행 중 한 분
이 저녁 식사 초대를 받았고, 동행하는 사람이 있다고 말하
자 모두를 초대했다. 그래서 갔던 곳이 차재완 장로님의 환갑
잔치 자리였다.

　　그 후 16년이 지난 어느 날, 예장 합신 교단 교역자 수련
회가 충남 예산에서 있었다. 행사 후에 어느 목사님이 당진에
다녀오려고 하는데 함께 가자고 했다. 장로님 한 분을 만날

건데 함께 보면 좋을 것 같은 생각이 들었다고 했다. 기꺼이 승낙하고 동행했다.

차로 한참을 달려 도착하니 한 분이 환한 웃음으로 반겨 주었다. 뭔가 낯익은 얼굴이라 생각하면서도 누구인지 정확하게 기억나지는 않았다. 잠시 후 집으로 들어가는 순간 16년 전의 기억이 났다. 일행을 따라 저녁 식사에 초대받아 갔던 차재완 장로님 집이었다. 깜짝 놀라서 그저 웃음만 나왔다. 잠시 후에 앉아서 16년 전 이야기를 꺼냈다. 그날도 지인을 따라왔는데 오늘도 목사님을 따라와서 장로님을 만났다며, 우리가 꼭 만나야 하는 주님의 뜻이 있는 것 같다고 하면서 한바탕 웃었다.

대화하는 중에 장로님 부부가 귀한 사역을 하고 계신다는 사실을 알게 되었다. 교회를 순회하며 성경을 드라마처럼 읽는 사역을 한다는 것이었다. 차재완 장로님과 최수민 권사님 부부는 모두 성우로서 왕성한 활동을 해왔다. TV나 라디오에서 들을 수 있는 전문 성우가 농어촌의 작고 어려운 교회들을 순회하면서 성경을 드라마처럼 낭독하는 사역을 하는 것이다. 이분들이 농어촌 교회를 찾는 이유는 분명하다. 교회가 든든하게 서도록 응원하고 마을에 복음을 전하는 기회로 삼는 것이다. 어르신들에게 성경을 재미있게 들려주고 쉽게 이해할 수 있도록 하고, 배우 차태현의 아버지로서 믿지 않는 주변 사람들을 초청하여 복음을 전하는 기회로 삼기도 한다고 했다. 그분들의 이야기를 들으며 이런 사역은 교도소에도 꼭 필요하다는 생각이 들었다. 그래서 장로님께 교도소 사역에 대한 말씀을 드리고 기회가 되면 교도소에 방문해 주실 수 있는지 물었다. 그리고 교도소에서도 성경을 꼭 낭독해 주시면 좋겠다고 부탁드렸다. 장로님은 일말의 망설임도 없이 흔쾌히 승낙했다.

2019년 7월 차재완 장로님과 최수민 권사님은 약속대로 포항교도소에 오셨다. 수용자들 앞에서 예수님의 수난과 부활을 낭독했다. 죄인을 위해 그 아들을 아낌없이 보내신 하나님의 큰 사랑을 전했다. 예배에 참석한 수용자 250명은 처음부터 끝까지 집중했다. 작은 바늘이 떨어지는 소리도 들릴 만큼, 아니 숨소리조차 조심스러울 정도로 긴장하고 집중하며 낭독하는 말씀을 들었다. 한마디로 은혜로 가득한 시간이었다. 입체적으로 들리는 말씀이 너무나 강렬해서 예수님의 십자가 사건을 다시 보게 되었다는 이들과 자신이 이렇게 큰 사랑을 받고 있다는 사실을 깨닫고 많은 눈물을 흘렸다고 말하는 이들이 여럿이었다는 말을 전해 들었다.

　참 감사했다. 사회에서 왕성한 활동을 통해 대중의 인기를 얻기도 하지만, 하나님 나라를 위해 주신 재능을 아낌없이 사용하는 두 분이다. 배우 차태현의 부모로서 현재 생활에 안주하며 살아도 될 텐데 한시도 멈추지 않고 복음을 위해 애쓰는 두 분을 보며 감사한 마음과 존경스러운 마음마저 들었다. 하나님의 자녀로, 하나님의 일을 맡은 사역자로 강건하게 쓰임 받기를 바랄 뿐이다. 우리가 소망하는 하나님 나라를 위해서 말이다.

목사님! 제가
그 꼴통입니다

2018년 11월, 청송에 있는 경북북부제3교도소에서 아주 뜻깊은 행사가 있었다. 바로 전국 법무부 교정 연합신우회 순회 예배이다. 전국에 있는 교도관 신우회 회원들이 모여 예배하고 찬양하며 믿음의 교제를 나누고, 교도관들과 수용자들을 위해 기도하는 시간이다. 이날 어느 목사님의 간증이 많은 이들의 마음을 뜨겁게 했고, 힘들었던 시간을 위로하시는 하나님의 사랑을 느꼈다.

자신을 이곳 제3교도소 보호감호소에 있었던 최연소 감호자였다고 소개한 어느 목사님의 간증이다.

"그때 성가대를 담당하는 목사님이 성경책을 오십 번 읽으면 성령님이 도와주신다고 했습니다. 어떤 환경에서도 더 이상 죄를 짓지 않고 교도소에 오지도 않으며, 복된 사람으로 변화시켜 주실 것이라고 했습니다. 저는 정말로 그 말을 믿고 싶었습니다. 그래서 그때부터 성경책을 오십 번 읽었더니 정말로 제 마음에 변화가 생겼습니다. 믿음이 생기고 하나님의 사랑과 은혜를 깨달았습니다. 출소 후에는 자연스럽게 신학을 공부했고, 지금은 이렇게 교도소에서 복음을 전하는 사람이 되었습니다."

예배 후에 수용자들과 출소자들을 정말 사랑하고, 헌신적으로 섬기는 김신웅 장로님과 교제하고 있었다. 잠시 후에 간증했던 강사 목사님이 오시더니 허리를 숙이며 정중하게 인사했다.

"목사님 저를 아시겠습니까, 목사님의 속을 꽤 많이 썩게 했던 OOO입니다."라고 자신을 소개했다. 잠시, 아주 짧은 시간 과거의 기억을 떠올리려고 애쓰는 동안 목사님은 곁으로 왔다. 그리고 내 손을 꼭 잡으며 나지막하게 고맙다는 말을 했다. 인생에 가장 큰 전환점이 되는 시간이었다고 말했다. 그런데 기억이 나지 않았다. 머릿속에서 가물거릴 뿐 누구인지 정확하게 기억나지 않았다. 그도 그럴 것이 교도소의 수용자들에게 항상 성경책을 읽으라는 말을 한다. 그리고 성경 필사도 적극적으로 권한다. 신구약 성경을 모두 필사하면 격려와 보상의 차원에서 영치금을 주기도 했다. 이렇게 하는 이유는 분명하다. 사람은 사람이 변화시킬 수 없다는 것을 너무나 잘 안다. 오직 하나님만이 사람의 마음을 만지시고, 내면에 변화를 주실 수 있다는 것을 알기 때문이다. 그래서 누구든지 성경을 읽고 하나님의 뜻과 계획 그리고 심판을 아는 것이 중요하다고 생각한다. 감사하는 마음과 두려운 마음으로 하나님 앞에 바르게 살기를 바라는 마음으로 성경을 읽도록 하는 것이다.

집으로 돌아와서도 계속해서 생각을 놓지 않았다. 기억의 꼬리를 잡고 시간을 거슬러 올라갔다. 순간 떠오르는 이름, "오네시모 성가대"였다.

청송 제2보호감호소에 있는 감호 대상자들로 구성된 성가대의 이름이다. 당시 아주 어린 나이의 수용자가 떠올랐다. 엉뚱한 질문을 많이 하고 생각지도 못한 사고를 쳤던 친구로 기억한다. 성가대 연습 시간에 음악을 이야기하면 꼭 이상한 질문으로 분위기를 흩트렸다. 어느 날, 어렴풋이 떠오르는 기억이 있다. 그게 무엇인지 정확하게 기억나지는 않지만, 그날도 엉뚱한 질문을 했던 것 같다. 그래서 답을 하는 대신 성경이 그렇게 궁금하면 성경책을 오십 번 읽어 보라고 했다. 그러면 네가 궁금한 것이 해결되고, 성경을 기록하게 하신 성령님이 너의 앞길을 인도하실 것이라고 했다. 너는 더 이상 교도소에 들어오지 않을 것이고, 만약 다시 온다면 전도자로 올 것이라고 했다. 그 말에 정말이냐고 몇 번이고 되물었던 기억이 있다. 그 사람은 나와의 대화를 마친 후 그때부터 성경을 읽었다고 하니 정말 감사할 따름이다. 성경책을 읽고 그 삶이 변했고, 범죄자가 아닌 전도자로서 다시 교도소에 오다니 말이다.

하나님은 지금도 역사하신다. 지혜롭고 복된 사람은 성경을 가까이하고 미련한 사람은 성경을 멀리하다가 교도소에 다시 들어오는 것을 본다. 그래서 난 교도소에서 설교할 때마다 꼭 성경을 읽으라고 한다. 여전히 성경 필사를 하면 영치금을 줄 것이라고 한다.

지금 경북북부제2교도소는 후원을 받아서 성경 필사 노트를 제공한다. 성경 필사를 완료한 사람에게는 일정한 선물을 주고 있다. 경북북부제2교도소는 3-40명의 수용자가 성경 필사를 완료했고, 경북북부제1교도소는 1년에 평균적으로 20-35명 정도가 필사를 완료하고 있다. 교도관 중에는 웃으며 이런 말을 자주 건넨다.

"목사님, 요새는 잠잠하네요."
그 마음을 만지시고 변화시키는 하나님이 계시기에 가능한 일일 것이다.

'행복나눔125'를
통한 감사

변하지 않는 일상을 바꾸는 가장 좋은 방법은 감사를 찾는 것이다. 당연한 것이 당연하지 않다는 사실을 알 때 우리는 감사할 수 있다. 수용자들의 생활은 더욱 그럴 것이다. 변하지 않는 일상에 어떤 소망도 없이 지내는 이들이 많기 때문이다. 이러한 사실을 교도소의 교도관들과 이야기 할 기회가 있었다. 그리고 얼마 후 교도관에게 연락이 왔다. 감사를 실천할 수 있는 좋은 프로그램을 할 수 없겠느냐고 말이다.

며칠을 고민하다가 '행복나눔125'가 생각났고, 그 일의 명강사로 활동하고 있는 이미영 권사님이 함께 떠올랐다. 대기업에 출강하는 강사를 섭외하는 것은 사실 쉽지 않은 일이다. 강사비를 줄 수 없는 것은 물론이고, 자신의 일정도 조정해서 먼 길을 달려와야 하는 일이기 때문이다. 게다가 교도소라는 낯선 환경은 누구를 쉽게 초청하기 어렵고 또한 초청을 받는 사람도 쉽게 응하기 어려운 상황이다. 이런 상황을 잘 알기에 어려운 마음으로 연락을 했다. 그러나 너무나 흔쾌히 초청에 응해주시는 권사님으로 인해 순간 멍한 생각마저 들었다.

행복나눔125는 하루 1가지 이상 착한 일을 하고, 한 달에 2권 이상 좋은 책을 읽고, 하루에 5가지 이상 감사를 나눈다는 의미이다. 이러한 내용을 수용자들에게 강의하기 전에 권사님은 교도관들에게 먼저 강의했다. 어떤 내용이고 어떻게 하는지를 알아야 수용자들을 도와줄 수 있기 때문이다. 물론 교도관들 역시 감사와 행복을 느끼며 살아야 하는 사람이기에 더욱 그랬다고 한다.

모두가 집중할 만큼 열강을 한 이미영 권사님은 교도소에 한 가지 제안을 했다. 하루에 5가지 감사를 실천하고, 시간이 지나서 100가지 감사가 쌓이면 시상을 하는 것은 어떻겠냐는 것이다. 삶의 변화와 감사하는 생활을 위한 동기부여를 위해 그것도 좋은 방법이라고 생각하여 그렇게 하기로 했다.

행복나눔125는 경북북부제3교도소를 시작하여 경북북부제2교도소 그리고 청주 여자교도소에서도 했으며, 지금은 교도소에서 인성교육 프로그램으로 시행하고 있다. 2019년 4월에는 안양교도소와 MOU를 맺었다. 행복나눔125를 통해 수용자들의 마음이 변화되기를 바라고 있다. 내 삶은 불행한 삶이 아니라 감사한 일이 많다는 사실을 깨닫게 하고, 더 나아가 감사는 곧 행복의 시작이라는 사실을 알게 하자는 것이다. 어떤 이유로 교도소에 왔든지 출소할 때는 새로운 소망을 품고 사회의 구성원으로서 적응하여 열심히 살기를 바랄 뿐이다.

목사님, 어떻게 살아야 합니까!

어느 날 한 수용자에게 상담을 요청하는 편지를 받았다. 편지를 보낸 사람은 무기수다. 비록 사람은 무기수지만 교도관들에게 인정을 받고 다른 수용자들에게도 모범이 되는 사람이다. 그런 사람이 간결한 내용으로 꼭 상담을 받고 싶다고 편지를 쓴 것이다. 이런 편지를 받으면 심장이 뛴다. 오랜 시간 비슷한 일을 하고 있지만, 언제나 심장이 뛴다. 생각지도 못한 폭탄 발언을 하는 사람을 종종 만나기 때문이다. 웬만한 일은 다 겪어서 별로 새로울 것 없다고 생각하지만, 상상도 못한 일들은 여전히 일어나고 있기 때문이다. 편지를 받고 무슨 일이 있는 것은 아닐까 염려가 되었다. 서둘러 교도소 측에 "장소 외 접견"을 신청하고 편지를 보낸 형제와 상담 시간을 만들었다.

접견실에 들어선 형제는 나를 보자마자 울기 시작했다. "목사님, 하나님은 정말 계십니까"

뭔가 아픈 마음이 느껴졌다. "예수님은 정말 내 죄를 용서해 주실까요"라고 하면서 울기만 했다. 그렇게 한참을 울고 난 후 마음을 가다듬고 이야기를 시작했다.

"사실 아버지는 목사입니다. 회사를 잘 다니다가 어느 날 기도원에서 은혜를 받으셨다고 하면서 회사에 사표를 내셨습니다. 하나님이 주신 사명이 있으니 회사를 더 다닐 수 없다고 했습니다. 그리고 신학교에 가서 목사가 되겠다고 말씀하셨습니다. 그때 저는 중학교 2학년이었습니다."

어떤 상황인지 보지 않아도 알 수 있었다. 그 가정의 상황이 머리에 그려졌다. 가족 간의 상의는 물론 어떤 언급도 없이 일을 저질러 버린 가장과 갑자기 변한 상황에 당황하는 나머지 가족의 마찰은 불을 보듯 뻔했다.

"평생직장 생활을 하던 사람이 어떻게 갑자기 목사가 됩니까, 기도하고 가족과 상의도 해서 결정해야죠"

아버지를 제외한 가족의 반응은 모두 같았다고 한다. 그런 반응에 아버지는 가족 모두를 마귀로 취급했다고 한다. 사역자의 길을 방해하는 사단이라고 하면서 마주할 때마다 화를 내고 심지어 욕까지 했다는 것이다. 중학생이었던 수용자는 이렇게 비인격적인 아버지가 어떻게 목사가 될 수 있을까, 하나님은 이런 사람을 목사가 되도록 놓아두실까 하는 생각을 했다고 한다. 자기가 은혜받았다고 쉽게 화를 내며, 욕을 하는 사람, 엄마와 가족을 마귀 취급하는 사람을 도무지 이해할 수 없었을 것이다.

그런 어린 시절을 경험한 그의 마음에는 '하나님은 없다, 예수님도 없다, 모두가 다 사람이 만들어낸 가짜다.'라는 확신이 생겼다고 말했다. 그때부터 사소한 일에도 아버지와 의견대립이 생겼고, 대립은 다툼과 폭언으로 이어져 결국 집을 나왔다는 것이다. 가출 후 집에 돌아간 일도 있지만 갈 때마다 보듬고 설득하기보다는 마귀의 자식이라고 윽박지르기만 했다고 한다. 그 후 교회 다니는 학생들을 괴롭히고 돈을 빼앗고, 어른들에게도 욕을 하며, 예배에 참석해서는 설교하는 목사를 향하여 모두 다 가짜고 교인들의 돈만 갈취하는 사기꾼이라고 소리쳤다고 한다. 새벽 시간 교회에 들어가서 오물을 뿌리고 방뇨를 하면서 아버지를 향한 분노를 표현했다고 말했다.

가출한 학생에게 시간이 지날수록 경제적인 어려움이

생기는 것은 당연하다. 돈이 떨어지면 거리에서 돈을 빼앗는 수준에서 점차 남의 집에 들어가 물건을 훔치는 것으로 바뀌었다. 회수가 늘어날수록 강도는 점점 세졌고, 방식은 점점 대담해졌다. 그러다 결국 칼로 주인을 살해하여 무기수가 되어버렸다. 그는 무기수가 된 것이 자신의 잘못이 아니라 예수쟁이 아버지 때문이라고 생각했다. 아버지를 비롯하여 교회 다니는 사람들을 저주했고, 만일 가석방되어 나가면 반드시 아버지를 죽일 것이고, 자기도 죽을 것이라고 날마다 생각했다는 것이다.

교도소의 수용자들이 작성하는 신상기록 카드에는 종교를 표시하는 곳이 있다. 그는 기독교에 표시했으나 한 번도 예배에 참석하지는 않았다. 그런데 어느 날, 예배를 드리고 오는 사람들의 손에 있는 빵을 보는데 너무나 먹고 싶은 생각이 들었다고 한다. 그래서 빵을 먹기 위해 예배에 참석했다.

"천국이 있는 것을 믿는 사람은 성경을 붙잡고 살고, 천국도 없고 지옥도 없다고 생각하는 사람은 마음대로 삽니다. 만일 여러분이 절대로 죽지 않을 것이라면 마음대로 살아도 됩니다. 그러나 나도 죽을 날이 있다고 생각한다면 하나님을 믿어야 합니다."

빵 때문에 참석한 예배의 설교를 들으며 충격을 받았다고 한다. 나도 언젠가는 죽을 텐데 이렇게 살아도 되는가? 내 마음대로 살아도 되는가? 하는 생각이 들었다고 한다. 그 후에 마음속에 끊임없이 떠오르는 것이 "하나님은 정말 계십니까"라는 질문이라 한다. 답이 없는 질문을 하면서 예배에 가끔 나가다 보니 내 죄 때문에 예수님이 십자가에서 죽으시고 부활하셨고, 다시 오실 것이라는 말씀이 정말로 믿어지기 시작했다는 것이다. 이제는 죄인인 내 모습이 보이면서 다른 질문이 떠올랐다고 한다. "나는 어떻게 살아야 합니까?" 사람들에게 행했던 자신의 행동이 너무나 잘못되었다는 것을 깨달았고, 죽이고 싶은 만큼 미웠던 아버지를 향한 분노도 조금은 가라앉는 거 같았다고 한다. 그렇지만 여전히 답답한 마음에 내게 연락을 해온 것이다.

그냥 손을 잡았다. 조용히 함께 기도했다. 버려두지 않으시고 건져 주신 하나님께 감사했다. 그리고 계속해서 말씀을 읽고 기도하라고 이야기했다. 죄인인 우리를 살려주신 은혜에 감사하고, 인도하시는 그 사랑에 기뻐하는 것이 하나님 자녀다운 모습이라고 했다.

접견실을 나가는 뒷모습을 보면서 짧은 시간이었지만 나 같은 죄인 살리신 주님의 은혜를 나 또한 다시 한번 생각할 수 있었다. 그리고 수용자들에게 복음을 전할 수 있게 하신 하나님, 나를 써주시는 하나님께 감사했다.

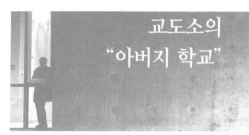

교도소의
"아버지 학교"

　"목사님, '경북북부제2교도소'에서 아버지 학교를 할 수
있도록 도와주실 수 있는지요"

　신동윤 소장님이 부탁했다. 그래서 아버지 학교 측과 상
의하여 답변 드리겠다고 한 후 아버지 학교 교도소 담당자와
전화 통화를 했다. 아버지 학교 측에서는 '경북북부제1교도
소'와 '제2교도소'에서 금요일과 토요일에 하는 것이 좋겠다
고 했다. 그렇게 2014년 7월 우리나라에서 최고로 엄한 교도
소인 '경북북부제1교도소'와 '경북북부제2교도소' 두 곳에서
동시에 아버지 학교를 진행할 수 있게 되었다.

　경북북부제2교도소에서 아버지 학교를 한다는 것은 마
치 홍해가 갈라지는 사건과 같이 역사적이고 기적적인 일이다. 오직 하나님의 은혜였다. 당신 신동윤 소장님은 예수님을 영접한 분이 아니었다. 하지만 아버지 학교를 통해 수용자들이 변하고 있다는 사실을 알고 있었기에 경북북부제2교도소의 수용자들과 함께 도전해 보고자 한 것이다. 변화의 역사가 일어나기를 기대하며 위험을 무릅쓰고 진행한 것이다. 결과는 정말 은혜로운 시간이었다. 당시 28명의 수용자가 아버지 학교를 수료한 것으로 기억한다. 한 수용자는 세족식 때 자기 아들의 발을 수건으로 닦는 것이 아니라 혀로 닦았다. "아들아 미안하다, 정말 미안하다, 그리고 고맙다"라고 하면서 눈물과 혀로 발을 닦아 주었다. 그 모습을 보면서 그 아들도 함께 울었다. 아버지와 아들이 서로 부둥켜안고 소리를 내며 울었다.

아버지 학교가 교도소에서 처음 시작한 것은 2003년 여주교도소에서다. 여주교도소 신우회의 열정과 하나님의 은혜 속에서 시작되었다. 언젠가 여주교도소 신우회장을 인터뷰하고 신우회원들과 저녁을 먹고 있는데 한 신우회원이 이런 말을 했다. 지금 여주교도소 신우회원과 보안과장이신 홍남식 집사님(후에 광주교정청장과 서울교정청장이 됨)이 교도소에서 아버지 학교를 시작하고 싶은데, 허락이 나지 않는다는 것이었다. 아버지 학교를 하려는 것은 단순히 종교행사의 차원이 아니다. 아버지 학교를 수료한 수용자들이 근본적으로 변하기를 바라는 간절한 마음에서다. "아버지가 살아야 가정이 삽니다, 아버지! 제가 아버지입니다."라는 구호처럼 아버지로서 정체성이 회복되면 삶의 태도에도 놀라운 변화가 생길 것으로 생각했기 때문이다. 그러나 그 일은 쉽게 이루어지지 않았다. 신우회원들은 기도만 할 뿐이었다. 이야기를 들은 후 소장님과 이야기해 봐야겠다고 생각했다. 여주교도소 신상철 소장님께 전화를 걸었다. 포항극동방송 교정프로그램 진행자로 인터뷰를 하고 싶다고 여러 번 요청했고, 결국 소장님의 마음을 움직여 주셔서 인터뷰 약속을 했다.

한 달이 지나 신 소장님과 인터뷰를 마친 후 아버지 학교에 관한 이야기를 나누었다. 지금 아버지 학교의 열풍이 사회적으로 일어나고 있는데, 만약에 여주교도소에서도 아버지 학교를 진행한다면 수용자들에게 놀라운 변화가 생길 것이라고 말씀드렸다.

"아버지 학교는 진정한 인성교육과 교정 교화의 방법입니다. 이것을 통해 수용자들이 따뜻한 사랑을 경험하고 생각이 변하는 좋은 기회가 될 것입니다. 이 일을 통하여 여주교도소는 물론이고 다른 곳에서도 인성교육 프로그램으로 자리를 잡게 된다면, 수용자들과 교정기관은 물론 사회에도 좋은 일이 될 것입니다. 그러니 신 소장님이 꼭 허락해 주셨으면 좋겠습니다. 긍정적으로 생각해 주시기를 부탁드립니다."

신우회원들에게 소장님과 이야기 나눈 것을 전달하고 함께 기도하며 기다리기로 했다.

하나님이 기도에 응답해 주셨다. 2003년 11월 여주교도소에서 수용자를 대상으로 한 아버지 학교가 인성교육 프로그램의 하나로 시범적으로 시작하게 되었다. 그리고 17년이 지나는 동안 현재 전국교도소에서 인성교육 프로그램으로 자리매김하고 있다.

아버지 학교를 통해 많은 수용자가 가정의 소중함과 아버지로서의 정체성을 회복하여 '아버지가 살아야 가정이 산다'라는 것을 체험하고 있다. 근본적인 변화로 이어지고 있다. 이 모든 것이 하나님의 은혜이다.

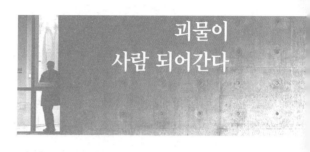

괴물이
사람 되어간다

어느 날 청송의 한 교도소에서 전화가 왔다.

"목사님, 이번에 상담할 사람은 OOO인데, 뉴스에 크게 보도가 된 적이 있고, 사회적 공분을 샀던 사람입니다. 목사님이 맡아 주셔야 할 것 같습니다."

2014년 중곡동에서 끔찍한 살인 사건이 있었다. 신문과 뉴스에서 아주 크게 다룰 만큼 떠들썩한 사건이다. 살인 사건의 범인은 당시 전과 11범이었다. 이 사람은 법원에서 무기형을 받고 현재 교도소에서 수감 생활을 하는 중이다.

그를 본 첫인상은 모든 것을 포기한 얼굴이었다. TV에서 보았을 때는 몰랐는데 대면하여 자세히 보니 오래전에 교도소 예배 때 본 사람이었다. 그때는 교도소에서 얌전한 생활을 하였기에 남들에게 주목을 받지 못했다. 그런데 이번에는 끔찍한 사건을 저질러서 다시 들어 온 것이다. 그와 마주앉아서 조심스럽게 이야기를 시작했다. 이야기하면서 그에게서 발견한 것은 깨어진 자아의식과 세상을 향한 분노였다. 고아라는 이유로 주위 사람들에게 업신여김을 받았고, 수많은 욕을 듣고 자랐으며, 벌레 취급하듯이 바라보는 시선을 견뎌야만 했다. 사람들에게서 느끼는 것은 수치스러운 기억뿐인 듯했다. 그러다 보니 술을 마시면 사람들을 향한 분노가 솟아났다. 사람들이 싫었고 특히 여자들은 더 싫었다는 것이다. "쟤는 고아니까 가까이 가지도 마"라고 하는 소리를 같은 반 여자아이의 엄마에게서 들었다고 한다. 그것도 한 명이 아닌 여러 명에게서 듣고는 어렸지만 정말 죽고 싶었다고 말했다. 고아인 것도 서럽고 외로운데 자신의 말을 들어 줄 사람도, 이해해 줄 사람도 없고, 이제는 친구마저 만들 수 없다는 사실이 정말로 견디기 어려웠다고 회상했다. 그리고 성인이 된 어느 날 술을 마시다 음욕이 생겼고, 음란 동영상을 보다가 감정에 휩싸여 잔인한 범행을 저질렀다고 말했다.

그와는 4년 동안 상담을 했다. 지금은 다른 교도소로 이감되어 만날 수 없다.

어느 날 꿈에서 그 형제가 보였다. 왠지 얼굴을 봐야겠다는 생각이 들어서 그가 있는 교도소에 찾아갔다. 접견실에서 만난 그 형제는 깜짝 놀랐다. 자리에 앉으면서 눈물을 보이기 시작하더니 목멘 소리로 '고맙습니다' 하고 연거푸 인사했다. 마주 앉은 그는 의외의 말을 했다.

"목사님, 저는 사형 당해야 하는 못된 놈입니다. 저는 정말 괴물입니다."

그 말을 듣고 마음이 놓였다. 웃으며 그에게 말했다.

"괴물이 사람이 되어가고 있는 것 같습니다"

처음 보았던 얼굴, 모든 것을 포기했던 그의 얼굴이 조금은 변해있었다. 어떤 일이 있었는지 모르지만 분명한 것은 하나님이 그를 위로하셨고, 주의 사랑을 깨닫게 하셨다는 사실이다. 자신의 모습을 들여다볼 수 있었기에 과거 자신의 모습이 얼마나 잘못된 것인지 발견한 것이다. 마음의 분노를 삭이고, 정체성을 찾은 것이다.

"사람들이 어떤 말을 하더라도 듣기만 하고, 그 사람을 위하여 기도해 주세요. 욕을 하는 사람은 자기로 가득한 사람이고, 기도하는 사람은 성령님의 인도하심을 따르는 사람입니다. 형제가 자신의 죄를 깨달은 것은 성령님이 알게 하셨기 때문입니다. 이제는 성령님을 따라서 사는 사람이 된 것입니다. 그러니 하나님을 더욱 의지하며 다른 사람을 위해 무엇이든 하며 살면 좋겠습니다. 그리고 주어진 시간을 감사하면서 살도록 합시다."

고개를 숙이고 말없이 듣고 있다가 흐느끼며 '아멘'이라고 했다. 그 짧은 한마디가 지금도 강렬하게 귓가에 맴돈다.

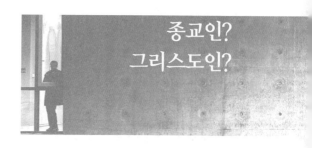

종교인?
그리스도인?

가끔 방송을 듣고 연락하시는 분들이 있다. 어느 날, 한 집사님이 방송을 듣고 상담하고 싶다는 연락을 했다. 자기는 지금 아이와 함께 집에서 나왔고, 아이는 고등학교를 졸업하면 외국에서 공부할 것이라는 말을 한다. 그분의 문제는 집을 나왔다는 것이다. 남편 때문에 견디지 못하고 아이와 함께 집을 나왔다는 것이다. 남편은 직장에서나 교회 사람들에게는 좋은 인품의 사람, 유머있는 사람이라는 소리를 듣는다고 했다. 흔히 법이 없어도 될 사람이라고 할 만큼 인정을 받고 있지만, 집에만 들어오면 독재자처럼 행동한다고 한다. 특히 아이가 교회 생활하는 것을 보면 무섭게 책망한다는 것이다. 어느 날 아이가 아파서 학생부 예배에 참석하지 못하고 어른 예배에 참석한 일이 있었는데 이 사실을 알고 아이를 무척 혼을 냈다고 한다. 자신은 술 마시거나 직장에 일이 있다는 이유로 예배드리지 않을 때가 종종 있지만, 그것은 어쩔 수 없는 일이라고 말한다. 그러나 아이가 학생부 예배를 드리지 못하고 어른 예배를 드린 것에는 화를 내고 혼내며 심지어는 욕까지 한다는 것이다. 더 큰 문제는 평소에 술을 마시고 집에 들어오면 아이들에게 욕을 하고 엄마인 자신에게는 폭력을 행사한다는 것이다. 그래서 아이와 함께 집을 나왔고, 아이가 고등학교를 마치면 외국에서 공부하며 살고 싶다는 것이다.

폭력을 행사하는 남편, 학생의 아버지는 교회에서 안수집사라 한다. 술 마시고, 예배에 빠지고, 가정에서 폭언을 일삼고, 폭력까지 행사하여 가족이 가출하는 원인을 제공한 사람, 그 사람이 바로 교회의 안수집사이다. 그가 믿는 하나님은 과연 어떤 분인지 궁금하기도 하다. 물론 모든 사람은 연약하다. 그래서 실수하고 깨닫고 배운다. 그리고 바른길로 조금씩 나아간다. 이런 일련의 과정이 우리가 예수 그리스도를 더욱 신뢰하고, 더욱 사랑하도록 만든다. 연약하지만 조금씩 변하는 삶이 바른 그리스도인의 삶일 것이다. 그러나 형식적인 모습으로 '하는 척'만 한다면 그것은 그리스도인이 아니라 '종교인'에 불과한 것이다. 바리새인들에게 독사의 자식이라고 호통하시던 예수님의 모습을 기억한다. 좋은 모양으로 치장하고, 거룩한 척하고는 있지만, 그 안에는 온통 자기 생각으로 가득 차 있다. 그렇기에 상황에 따라 혹은 자기 이익에 따라 다르게 행동하는 것이다. 하나님의 눈치를 보는 것이 아니라 주위 사람들 혹은 나에게 이익을 가져다줄 누군가의 눈치를 보는 것이다.

사실 교회 다니는 사람 중 음주 운전으로 교도소에 온 사람이 생각보다 많다는 것은 참으로 부끄러운 이야기다. 어느 교도소에서 인성교육을 하는 중 쉬는 시간에 한 분이 다가와서 아는 척을 했다. 인천에 있는 ○○교회를 아느냐고 물었다. 오래전에 저녁 설교를 위해 갔던 곳이었다. 자기는 그 교회에 출석하는 장로이고 음주 운전으로 교도소에 오게 되었다고 말한다. 장로라는 말을 하고 부끄러웠는지 잠시 머뭇거리다가 이내 열변을 토한다. 사업을 하다 보면 한 잔을 할 수 있는 것이 아니냐고 묻는다. 법이 잘못되어서 사업하고 세금 많이 내는 사람들을 힘들게 한다고 오히려 투덜거리며 불만을 토로한다. 술 한잔의 실수는 누구나 할 수 있는 것이 아니냐고 되려 묻는 그의 얼굴을 본다. 자기의 잘못을 생각하지 않는 사람, 전혀 뉘우칠 생각이 없는 그 사람, 그가 장로의 직분을 가진 사람이다.

　　매주 드리는 예배는 그에게 어떤 의미일까? 성경을 읽고, 기도하는 것은 어떤 영향을 주었는가? 참 심각한 문제이다. 어쩌면 그만의 문제는 아닐 것이다. 우리 모두 진지하게 생각해 볼 문제다. 참된 그리스도인의 모습으로 살고 있는지 말이다.

짧지만 강렬한 고백
(한동대 故 김영길 장로)

2001년 한동대 초대 총장이신 故 김영길 장로님이 뜻하지 않게 법정 구속된 적이 있었다. 2001년 5월 15일 스승의 날에는 경주교도소 정문 앞에 1,500여 명의 한동대학교 학생과 교수 그리고 교직원과 학부모 등이 모였다. 법정 구속된 김영길 총장과 오성연 행정 부총장을 향해 스승의 은혜를 부르고 카네이션을 구치소 입구에 가지런히 쌓아 놓았다. 이때 경주교도소에 있는 수용자들과 교도관들은 깜짝 놀랐다고 했다. 그 일로 한 교도관은 수용자 김영길이 아니라 믿음의 사람 김영길 장로님을 존경하게 되었다고 했다.

대구 교도소로 이감을 한 후 김영길 장로님은 청소년들과 함께 있게 되었는데 자식과 같은 어린 친구들을 사랑으로 대했다. 교도관들은 이런 모습을 보면서 저분은 진정 믿음의 사람이라고 생각했다고 한다. 김영길 장로님이 출소한 후 신세엽이라는 교도관이 아름다운 고백에 출연했다. 김영길 장로님께 받은 감동을 전하며 교정 선교의 필요성과 영향 그리고 중요성을 강조했다. 교정 사역이 적극적으로 진행되도록 많은 이들의 동참을 호소했다.

그 후에 김영길 장로님을 만났다. 여러 번 "아름다운 고백"에 출연을 요청했지만, 죄인이 무슨 할 말이 있느냐는 말로 정중히 거절하셨다. 이대로 끝낼 수 없어서 마지막 통화를 하면서 아름다운 고백의 취지를 말씀드렸다.

"우리는 모두가 은혜와 위로가 필요한 사람입니다. 다르게 보면 모두가 죄인이라는 소립니다. 그러니 먼저 은혜를 받은 사람으로서 이야기해 주시면 좋을 것 같습니다."

방송에 나온 장로님의 첫 마디는 "제가 방송을 한다는 것은 참으로 조심스럽습니다."라는 말씀이었다. 김 장로님은 과거를 회상하며 예수님의 사랑을 억만 분의 일이라도 체험하게 된 것 같아 오히려 감사하다고 했다. 그리고 교도소에서 청소년들의 심각성을 느끼고 복음만이 청소년들을 소망의 사람으로 만들 수 있다는 것을 깨달았다고 했다. 수용 생활의 경험으로 인해 출소 이후에는 어려운 상황에 있는 청소년들에게 관심 가지게 되었고, 당시 대구교도소와 경주교도소에 있는 청소년들에게 필요한 도서를 선별하여 기증하기도 했다고 한다. 장로님의 짧지만 강렬한 고백이 전파를 타고 또다른 아름다운 고백으로 전해지는 순간이었다.

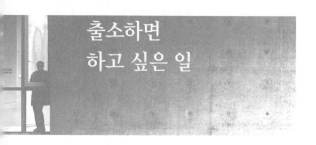

출소하면
하고 싶은 일

"목사님, 제가 하고 싶은 것이 있는데 무엇인지 아십니까?"

상담 중에 한 수용자가 건넨 말이다.

"저는 욕하는 사람들을 만나면 그 입에 똥을 처넣어 주고 싶습니다."

그 말을 듣고 어이가 없어서 웃음만 나왔다. 그러면서 도대체 왜 이런 말을 하는지 궁금하기도 했다.

이 친구의 명찰은 주황색이고 숫자는 4로 적혀있다. 이동할 때는 손목에 수갑을 찬다. 소위 말하는 문제수다. 교도소에서도 감당할 수 없을 만큼 사고를 치는 일명 '꼴통 중 꼴통'으로 소문난 친구다. 그런 그가 첫 만남에서 한 말이 출소하면 욕을 하는 사람 입에다 똥을 처넣어 주겠다는 것이 가장 하고 싶은 일이라는 것이다. 이유가 너무나 궁금했다. 왜 그런 생각을 하느냐고 물었다. 그의 대답은 참으로 단순했지만 아주 많은 생각을 하게 했다.

"교회를 다닌다는 인간들이 교회에서는 '아멘, 아멘' 하고, '우리 목사님, 우리 장로님, 우리 성도님' 하면서 듣기 좋은 말을 하지만, 교회 문만 나오면 싹 바뀝니다. 입에 거친 욕을 달고 사는 사람이 얼마나 많은지 아세요. '아니 목사란 사람이 그런 설교를 하면 돼?', '그 사람이 장로야, 장로가 뭐 그따위야', '아니 권사라는 여자는 왜 그래? 무슨 말이 그렇게 많아!' 하는 등 뒤에서 욕하는 소리를 많이 들었거든요. 말과 행동을 다르게 하는 사람이 얼마나 많은데요. 그런 사람의 입에는 똥만 가득하니까 똥을 처넣어야 합니다."

그 말을 듣는 순간 멍했다. 한마디도 틀린 말이 아니다. 뭐라고 할 말이 없었다.

"그 사람들도 변할 때가 있겠죠. 그러니 우리라도 바르게 삽시다."라고 했더니 그의 얼굴이 변했다.

"목사님, 아닙니다. 저 사기꾼들의 입에 똥을 처넣어야 해요. 출소하면 반드시 욕하는 사람들의 입에 똥을 처넣을 겁니다."

　그의 얼굴은 결연하기까지 했다. 그러면서 출소하면 자신에게는 두 가지의 꼬리표가 붙는다는 것이다. 살인자와 전과자라는 꼬리표가 평생을 따라다닐 것이라고 했다. 이 꼬리표를 달고 사회생활을 하면서 살아갈 수 없으니 차라리 욕하는 인간들의 입에 똥을 처넣고 다시 교도소에 올 것이라고 말했다.

　"하나님을 바르게 믿는 사람은 뒤에서 욕하고, 조롱하는 일을 하지 않습니다. 진실한 마음을 가지려고 애씁니다. 나의 연약함을 알기에 다른 사람도 연약할 수 있다는 것을 아는 것입니다. 그래서 기도하고 하나님을 의지하는 것입니다. 성령 하나님이 그런 우리의 기도를 들어 주시고, 인도하시는 것입니다. 그러니 형제가 하나님을 믿고, 성령님과 동행하는 삶을 살기 위해 애썼으면 좋겠습니다."

　그냥 듣고 있는 형제에게 한마디 덧붙였다.

　"우리 모두 연약한 사람이니 형제가 심판자가 되려고 하지 말고, 하나님께 맡기면 좋겠습니다. 만일 형제가 심판하고 벌을 주려고 한다면 하나님이 아닌 사단이 좋아할 것입니다."

　끝까지 이야기를 들은 형제는 죄송하다고 했다. 그러면

서 자기도 나쁜 놈이지만 정말 나쁜 놈들이 교회 안에 너무 많다고 하면서 분노에 찬 말을 했다.

그 친구의 과거를 모두 알 수는 없다. 하지만 살인자가 된 지금의 모습, 그 시작에는 누군가의 말이 있었다는 것을 충분히 짐작할 수 있었다. 누군가의 말에 상처를 받고, 그것이 아물지 않은 상태에서 또다시 상처를 받는 일을 반복하다가 현재에 이르렀을 것이다. 가장 마음이 아픈 것은 그가 교회에서 그런 상처를 받았다는 것이다. 그리스도의 자녀로 사는 우리의 자세와 책임이 막중하게 느껴지는 시간이었다. 내안에 계시는 성령님을 의지하고, 그 뜻에 합당한 말을 하는 우리의 삶이 되기를 소망한다.

교도소에서
공연한 학생들

　　모든 선교사, 모든 전도자의 사명은 믿지 않는 이들에게 복음을 전하는 것이다. 예수를 그리스도로 고백하도록 하며, 그들의 영혼이 하나님의 자녀가 되도록 길을 안내하는 것이다. 교정 선교도 마찬가지다. 하지만 교정 선교에는 다른 이유가 하나 더 있다. 교도소에 있는 이들이 복음을 듣고 남은 생을 믿음으로 살도록 하는 것이다. 형기를 마친 후에는 사회 구성원으로서 사회에 적응하여 재범하지 않도록 하는 목적도 있다. 그래서 교도소에서는 예배하는 것 외에도 다양한 프로그램을 통해 믿음을 굳게 한다. 소그룹으로 성경공부를 하거나 개인이 성경 필사를 하도록 독려하기도 한다. 교회나 학교 혹은 단체와 자매결연 맺고 수용자들을 위해 공연을 하거나 행사를 하여 그들을 위로하고 격려하기도 한다.

한동글로벌학교 11학년 학생들이 경북북부제2교도소에서 공연한 것이 벌써 10년이 훌쩍 넘었다. 2009년 4월에 시작하여 현재에 이르고 있으니 말이다. 학생들은 교도소에서 공연하며 모두에게 좋은 영향을 미치고 있다. 한동글로벌학교 학생들이 경북북부제2교도소에서 공연을 하게 된 것은 음악선생의 제안이 있었기 때문이다. 포항 극동방송에서 자원봉사자로 수고하시는 서지훈 집사님과 방송을 진행할 때 이런 제안을 했다.

"목사님, 학생들이 교도소에서 공연을 해보면 어떨까요?"

느닷없는 제안에 잠시 머뭇거렸다. 하지만 서 집사님은 많은 생각을 한 듯 계속해서 말을 했다.

"학생들이 교도소에서 공연하면 수용자들에게도 많은 도움이 될 것 같습니다. 아이들의 모습이 그분들의 마음을 편안하고 안정적으로 해줄 것 같습니다. 그리고 학생들에게도 경각심을 주는 기회가 될 것 같습니다."

제안을 듣고 정말 좋다는 생각이 들었다. 학교와 상의하고, 교도소와 협의하여 마침내 2009년 4월에 첫 공연을 하게 되었다.

첫 번째 공연을 시작하면서 모두가 긴장할 수밖에 없었다. 학생들도 선생님도 처음 하는 일이었기 때문이다. 수용자들의 반응이 어떨지 몹시 궁금하고 염려도 되는 상황이었다. 혹시 예상하지 못한 문제로 인해 아이들의 마음을 다치게 하는 일이 생기면 모든 이들이 난처해지는 상황이기 때문이다. 그래서 공연을 앞두고 기도할 수밖에 없었다. 학부모는 물론이고 학생들이 다니는 교회와 방송을 통해 기도를 부탁했고, 교도소 안팎에 있는 믿음의 형제들에게도 기도를 부탁했다. 공연을 준비하는 학생도 공연을 기다리는 이들도 모두 하나님을 의지하며 보낸 시간이었다. 그렇게 시작한 공연을 10년 넘게 할 것이라고는 생각하지 못했다.

긴장한 가운데 첫 공연이 시작되었다. 모든 것이 하나님의 은혜였다. 공연을 본 수용자들의 반응은 뜨거웠다. 공연을 보면서 울기도 하고, 박수하며 즐거워하기도 했다. 어떤 수용자는 집에 있는 자녀를 생각하며 지금껏 잘못 살아왔다고 반성했고, 또 어떤 수용자는 출소 후 자녀에게 잘 해주겠다고 다짐하기도 했다. 공연을 한 학생들도 교도소 안에 있는 사람들을 보며 죄에 대한 경각심을 갖는 기회가 되었다고 한다. 더욱 특별한 것은 공연을 통해 그들이 비록 죄를 짓고 교도소에 있지만 특별한 사람이 아니라 일반적인 사람이고 예수님을 영접해야 할 사람, 전도의 대상이라는 사실을 알았다는 것이다. 그뿐만 아니다. 학생들이 교도소 공연을 준비하면서 많은 변화가 생겼다고 한다. 교도소 공연을 반대했던 부모님들은 학생들에게 생긴 변화와 성숙해지는 모습을 보고 학교에서 교도소 공연을 더 적극적으로 진행했으면 좋겠다는 의견을 내기도 했다. 참 감사한 일이다. 이 모든 것은 하나님의 은혜다. 합력하여 선을 이루게 하시는 하나님께 감사할 뿐이다.

저는
쌍무기수입니다

　'믿는 사람들이 어떻게 살아가야 할 것인가'라는 제목으로 말씀을 전하고 난 후 한 결연자가 이런 말을 했다.

　"목사님 저는 쌍 무기인데 저도 구원을 받을 수 있겠습니까"

　십자가에 못 박히신 예수님의 좌우편에는 사형수가 있었다. 그때 한 편에 있던 사형수가 예수님께 말했다. "이르되 예수여 당신의 나라에 임하실 때에 나를 기억하소서 하니"(눅 23:42) 이 말을 들으신 주님은 "예수께서 이르시되 내가 진실로 네게 이르노니 오늘 네가 나와 함께 낙원에 있으리라 하시니라"(눅 23:43)라고 하셨다.

말씀을 본 후에 질문한 형제에게 물었다. 십자가에 있던 사형수는 구원을 받아 하나님 나라에 갔을까 아니면 구원받지 못했을까 하고 말이다.

"당연히 천국에 갔을 것입니다, 주님께서 말씀하셨으니까요"

"그렇죠, 그는 분명한 믿음의 고백을 했습니다. 그 믿음의 고백은 자신이 죄인인 것을 알고, 예수님을 구주로 고백한 겁니다. 예수님을 만왕의 왕이요, 온 세상을 통치하시는 주권자, 죄인을 구원하실 구원자로 믿고 고백한 것입니다. 그 믿음의 고백을 통하여 예수님이 낙원에 있으리라고 해 주셨습니다. 지금 형제에게 필요한 것은 쌍무기수라는 사실이 중요한 것이 아니라 예수님은 나를 구원하실 분, 나의 구세주라는 사실을 믿고 고백하는 것이 중요합니다. 그런 고백을 하는 사람은 죄를 깨닫고 인정하며, 철저하게 회개하는 생활을 하는 것입니다. 그러니 마음에 소망을 두고 바른 믿음을 갖도록 성경을 읽고 기도하며, 삶을 바꿔나가도록 애써야 합니다. 지난날의 삶의 내용으로 괴롭고 힘들어하는 것이 아니라 믿음의 사람으로서 직원과 수용자들에게 주님의 사랑을 전하는 그리스도인다운 모습을 보이는 것입니다."

한참 듣고 있던 형제는 "아, 힘드네요"라고 한다. 그도 그럴 것이다. 믿음과 행동이 일치하는 것은 모든 그리스도인의 숙제와도 같은 것이기 때문이다. 특히 오랜 시간 마음대로 살아왔던 이들에게는 더욱 힘든 일일 것이다. 그렇다고 듣기 좋은 소리로 복음을 전할 수는 없는 노릇이다.

"형제님, 예수님을 믿고, 천국을 믿는다고 입으로만 고백하면 정말로 믿는 것일까요? 천만에요, 정말로 믿으면 그에 따라 행동하는 게 당연한 겁니다. 저 앞에 낭떠러지가 있다는 소리를 들었는데 그것을 믿는다면 앞으로 계속 가지 않고 멈출 것입니다. 믿지 않는다면 당연히 계속 가겠지만 말입니다. 예수님을 고백하는 것도 마찬가집니다. 그분이 왕이라는 것을 믿는데 어떻게 우리가 내 마음대로 행동하겠습니까? 왕의 명령대로 행동해야죠. 그게 정말로 믿는 것이니까요. 지금 당장 되지는 않을 겁니다. 힘들지만 변하려고 계속해서 도전하는 것이 믿음 생활이라는 것을 잘 기억했으면 좋겠습니다."

고개를 끄덕인다. 뭔가 이해하는 것 같아서 몇 마디 덧붙였다.

"형제가 천국 가는 사람이라면 형제 때문에 힘들어하는 가족과 피해자를 위해 기도하고, 주변에 있는 사람들을 섬기며, 복음의 말을 하면서 여생을 살면 좋겠습니다. 예수님을 믿는 사람이니까 그래야 하지 않을까요"

　다행하게도 고개를 끄덕이며 '아멘'으로 대답을 한다. 그리고는 그렇게 살아보겠다고, 변해보겠으니 많이 가르쳐달라고 한다. 감사하다는 말도 잊지 않았다. 죗값을 잘 치르는 동안 하나님의 자녀로 올바르게 거듭나기를 소망해 본다.

마음을 다하는
사역자들

교도소 사역을 하는 분들은 대부분 오랜 시간 관계를 이어오고 있다. 그중 한 분이 '야곱의 축복' 작곡자이고 찬양 사역자이신 김인식 목사님이다. 김 목사님은 전도사로 찬양 사역을 할 때 처음 만났다. 우연한 자리에서 만나게 되었고 나를 소개할 때 교도소에서 사역하고 있다고 했다. 그리고 교도소에 한 번 와 주면 좋겠다는 말을 가볍게 건넸다.

"목사님이 불러 주시면 어디든지 가서 찬양하겠습니다."

시원하게 대답을 했지만, 그냥 가벼운 인사치레로 이해했다. 사실 그렇게 말하는 이들이 중에 실제로 연락을 했을 때 오지 못하거나 혹은 오지 않는 경우가 많기 때문이다. 거리도 그렇고 개인적인 사역 일정이 겹치기도 하지만, 무엇보다도 교도소라는 곳이 크게 마음에 와닿지 않아서 그렇기도 하다.

어느 날, 경북북부제2교도소에서 찬양할 분이 급하게 필요했다. 당시 전도사였던 김인식 목사님이 생각나서 연락했다. 상황을 이야기하고 부탁을 드렸다.

"교도소 안에 있는 영혼들을 주님 앞으로 인도하고 그들의 영혼을 회복시키는 것은 마땅히 해야 할 사역이잖아요. 불러 주셨으니 기쁜 마음으로 가야지요."

김 목사님은 사역자가 사역할 장소로 가는 것은 당연한 일이라며 기꺼이 승낙했다.

이제 사역자에게 말하기 어려운 부분이 남았다. 바로 사례비 이야기다. 다른 사역도 마찬가지지만 교도소 사역의 재정은 항상 부족하다. 강사나 사역자를 모시며 사례비를 드릴 수 없을 만큼 열악하다. 자기의 일정을 조정하여 먼 길을 오가는 사역자들에게 사례비는 고사하고 하다못해 교통비도 지급하지 못하는 현실을 말하기는 정말 쉽지 않다. 기꺼이 오겠다는 김 목사님께 사례비가 없다는 말을 어렵게 꺼냈다.

"아니 목사님 무슨 말씀이세요. 복음을 전하고 영혼을 회복하는 일인데요. 사례비는 필요 없습니다. 그리고 예배에 참석하는 분들이 몇 명이나 되나요. 그날 간식을 좀 준비해

가겠습니다."

사례비는 물론이고 간식까지 준비해 온다고 하니 참 감사할 뿐이다.

당일 날, 김인식 목사님은 혼자 오지 않고 젊은 사역자 여럿과 함께 왔다. 너무나 은혜롭고 행복한 시간을 보냈다. 약속한 간식까지 나누어 주면서 모두가 풍성한 시간을 보낼 수 있었다. 약속을 지키고, 믿음으로 헌신을 하는 젊은 사역자의 모습에 너무 감사했다.

"목사님이 불러 주시면 언제든지 오겠습니다."라는 말을 들은 것이 얼마 전인 것 같은데 벌써 10년이라는 시간이 훌쩍 지나 버렸다.

영혼을 향하여 뜨거운 마음으로 사역하는 여러 사역자, 동역자들께 진심으로 감사하다는 말을 전하고 싶다.

3부
'아름다운 고백' 인터뷰

법무부 교정본부
사회복귀과
인터뷰 1

     ❝ 하나님은 우리에게 믿음을 주셨습니다. 믿음으로 구원 받은 우리는 삶에서 믿음을 지키고, 믿음의 자녀다운 삶을 살아야 합니다. 이런 믿음의 삶은 어디에서 시작해야 할까요? 대부분 교회라고 생각할 것입니다. 이것이 틀린 말은 아니지만, 우리는 교회 공동체의 작은 단위인 가정에서 먼저 시작해야 합니다. 가정을 버리고 밖에서 아무리 선한 일을 하더라도 그것은 하나님이 기뻐하시는 일이 아닐 것입니다. 디모데전서 5장 8절에는 "누구든지 자기 친족 특히 자기 가족을 돌보지 아니하면 믿음을 배반한 자요 불신자보다 더 악한 자니라"라고 말씀하고 있습니다. 가정이 중요하다는 것은 아무리 강조해도 지나치지 않습니다. 특히 교정시설에 있는 수용자들에게 가족의 소중함은 무엇으로도 표현할 수 없을 것입니다. **❞**

오늘은 법무부 교정본부 사회복귀과 이언담 과장님과 수용자의 가족 관계 회복 프로그램에 관한 자세한 내용을 알아보겠습니다.

Q. 안녕하십니까? 소개를 부탁드립니다.

A. 안녕하세요. 법무부 교정본부 사회복귀과장 이언담입니다.

Q. 청취자들은 교정본부 사회복귀과라는 곳을 잘 모릅니다. 사회복귀과는 어떤 일을 하는 곳인지 소개 부탁드립니다.

A. 사회복귀과라고 말하면 대부분 사회복지로 생각하는 경우가 많습니다. 사실 사회복귀라는 말을 통해서 어느 정도 짐작은 하실 겁니다. 수형자의 성공적인 사회복귀를 위한 교육과 교화 정책을 수립 시행하는 곳으로, 일선 교정기관을 지도 감독하는 법무부 교정본부의 8개 부서 중에 한 과입니다.

Q. 여덟 개의 부서 중에 한 과, 어떻게 보면 이 사회복귀과는 수형자들에게 어머니 역할을 하는 기관이라고 볼 수 있겠네요.

A. 네. 그렇게 표현할 수 있습니다.

Q. 수용자들이 사회에 잘 적응할 수 있도록 말 그대로 사회에 복귀를 잘할 수 있도록 돕는 기관인데요. 진행하는 회복 프로그램에 관하여 소개 부탁드립니다.

A. 아무래도 우리 교육과 교화 정책 부분을 조금 더 설명하는 것이 이해를 돕는데 좋을 것 같습니다. 교도소에서 또는 구치소에서 교육과 교화라는 말을 쓰고 있는데요. 일반적으로 교육에는 정서함양 교육, 검정고시, 방송통신고등학교, 대학교, 독학사 과정, 전문대학 위탁 과정도 운영하고 있습니다.

그리고 교화 정책의 교화 프로그램으로는 독서치료라든가, 문화 프로그램, 문제 행동 예방 프로그램, 가족 관계 회복 프로그램, 교화 상담 등 다양한 프로그램이 운영되고 있습니다.

Q. 독서도 있고 방송대학도 있다고 하셨는데요, 교정기관에서 하는 방송대학이 궁금합니다.

A. 지금 4곳에서 진행하고 있는데 방송대학 교육 과정을 희망하는 수용자가 있으면 매년 선발을 합니다. 모두 다 수용을 할 수는 없고, 청주여자교도소를 비롯한 4개 기관에서 중국어과를 비롯하여 필요한 학과를 개설하고 있습니다. 전국에서 신청받아 합격이 되면, 한곳에 모읍니다. 그러니까

4개 교도소에 분산 수용해서 그곳에서 방송통신대학교 교육 과정을 충실히 이행할 수 있도록 지도 감독해주는 지역 방송대학본부와 협력 관계를 맺고 운영하고 있습니다. 졸업할 때 과별로 2명 정도 최우수상을 받습니다. 그런데 이번에는 네 명 이상이 최우수상을 받게 됐습니다. 그래서 전반적으로 점수가 굉장히 높았습니다.

Q. 교도소 안에서 본인이 원하면 검정고시나 독학사, 방송대도 갈 수 있고, 인성 교육도 받을 수 있는데 안타까운 것은 가족 관계를 회복하는 방법이 별로 없다는 것입니다. 이 가족 관계 회복 프로그램에 대해서 말씀 부탁드립니다.

A. 가족은 모든 생활의 근원이고, 어떻게 보면 생명의 근원과 같고 에너지를 얻는 원천이라고 말씀하신 것에 전적으로 공감합니다. 실제로 가족 관계가 원활한 출소자들은 사회에 잘 적응하고 있습니다. 그렇지 않은 경우는 아무래도 재범의 위험성이 커지는 환경에 노출될 수밖에 없습니다. 더불어 말씀드리면 가족 관계가 돈독한 수용자는 사회복귀뿐만 아니라 시설 내에서의 수용 생활도 아주 안정적으로 이루어지는 경우가 많습니다. 어떻게 보면 가족 관계가 가장 중요한 요인 중의 하나라고 할 수 있습니다. 밖에 나를 지지하고

보호해 줄 가족이 있다는 것, 또 내가 출소해서 책임을 지고 의무를 다해야 할 가족이 있다는 사실은 수용 생활뿐만 아니라 성공적인 사회복귀의 요인 중에서도 매우 중요한 요인입니다.

Q. 실질적으로 가정이 회복된 사람들이 재범하는 비율은 그다지 높지 않은 것으로 알고 있는데 어떻습니까?

A. 개인정보보호법을 비롯한 다양한 제약으로 인해 출소자에게 가장 큰 요인은 무엇인지, 성공적인 사회복귀가 이루어졌는지 하는 사실을 알 수 있는 충분한 자료를 갖고 있지는 않습니다. 다만 3년 이내에 재복용률 조사를 하고 있는데요. 지금 현재 25% 정도입니다. 우리는 통상 재범률이 60%가 넘는다는 이야기를 하고 있지만, 사실은 교도소에 3년 이내에 다시 들어오는 비율은 25% 정도로 보면 됩니다. 반대로 표현하면 3년 이상 성공적인 사회복귀를 한 비율이 75%라고 생각한다면 굉장한 성과라고 볼 수 있습니다.

Q. 교도소 안에서 가족에 대한 중요성을 인식시켜주고, 또 가족 관계를 회복시켜주기 위해서 프로그램을 진행하는데, 회복 프로그램 중 몇 가지 큰 행사를 소개 부탁드립니다.

A. 가족이라는 이름으로 이루어지는 프로그램은 크게 4가지가 있습니다. '가족 만남의 날'이 있고, '가족사랑 캠프', '가족 만남의 집' 그리고 최근에 활성화되고 있는 '가족 접견실'이 있습니다.

먼저 가족 만남의 날은 설날이나 추석 같은 특정한 날은 아닙니다. 가능하면 명절 앞뒤를 정하거나 교정의 날이라고 하는 어떤 의미를 되새기는 날을 기념하기 위해서, 또 이런 날을 활용해서 가족과 만남의 장을 마련해 주고 있습니다. 한 5명 정도가 참여할 수 있으며, 이때는 음식도 가져올 수 있고, 칸막이가 전혀 없는 편안한 장소에서 대면하게 합니다. 쉽게 말하면 가족이 만나는 날입니다.

Q. 가족 만남의 날 행사 중 오랜만에 만난 가족이 이를 기념하고 싶어서 사진 촬영을 요청하면 어떻게 합니까?
A. 집에 있는 가족에게 보여주고 싶고, 기억하고 싶어서 요청하는 경우가 많습니다. 그런 경우는 별도로 사진 촬영을 할 수 있도록 기회를 주고 있습니다.

Q. 가족들이 행사장으로 가지고 갈 수 없는 것이 있을 텐데요. 스마트폰 같은 것, 술, 담배 같은 것, 위험한 물건도 가

져가면 안 되는 걸 알고 있습니다. 음식은 가지고 갈 수 있는데 음료수 같은 것은 어떻게 합니까?

A. 음료수도 통제하고 있습니다. 시설 내에서 제공하는 음료수를 마시도록 하고 있습니다. 물론 음식물도 들어갈 때 엄격한 보안 심사를 거칩니다.

Q. 가족사랑 캠프는 어떤 것입니까?

A. 우리는 통상 가족이라고 하면 스스럼없이 대하고 정이 넘치는 모습을 생각하지만, 모두가 그렇지는 않습니다. 더군다나 범죄로 인해서 격리되어있는 아버지나 어머니, 자녀들을 만나고자 하는 분들은 많은 긴장을 하고 있습니다. 그 관계가 소원해져 있기도 하고요. 그렇게 경직되고 풀리지 않은 가족 관계 문제를 다소 여유롭게 풀어주기 위해서 전문가가 참여하여 가족들의 마음을 풀어주고, 좀 더 유연한 상태로 함께하는 시간을 만들어주는 것입니다. 그러고 나면 상대를 이해하고, 또 어떻게 접근해야 할지 몰랐던 마음과 긴장감, 어색한 감정이 회복되면서 대화할 수 있는 상태가 됩니다. 이 프로그램은 여성가족부에서도 지원하고 있고, 다양한 곳에서 협력하고 있습니다.

우리가 아버지는 아버지로서, 어머니는 어머니로서 역

할을 잘하지 못할 때가 많습니다. 내가 왜 아버지 역할을 그렇게밖에 못했지라는 생각을 많이 합니다. 어떻게 해야 더 잘하는 것인지 알지 못하거나 준비되지 않은 부모가 많습니다. 그러한 부분을 채워 주기 위해서 아버지 학교, 어머니 학교 같은 것도 운영하고 있습니다. 그런 프로그램을 진행하는 과정에서 관찰해보면 정말 감동적인 장면을 많이 봅니다.

Q. 2003년 여주교도소에서 처음 시작한 아버지 학교가 좋은 영향을 끼치고 있는 것 같습니다. 그럼 가족 만남의 집은 어떻게 운영되는지 궁금합니다.

A. 가족 만남의 집은 사실 시설 밖에, 즉 교도소 담장 밖에 있다고 보시면 됩니다. 최근에는 교도소 안에다가 다시 지으려고 노력하고 있습니다. 이 제도는 원래 이름 자체가 부부 만남의 집으로 시작을 했습니다. 가족의 핵심이라고 할 수 있는 부부가 1박 2일로 생활할 수 있는 곳입니다. 일반 주택에서 하룻밤 생활한다고 보시면 됩니다. 그렇게 해서 소원해진 가족 관계를 회복하고, 또 성적 긴장감도 해소하는 목적으로 만들어졌습니다. 그런데 자녀들이나 부모님도 함께하기를 원해서 조금 확대했습니다. 그래서 지금의 가족 만남의 집이 되었습니다. 가족사랑 캠프나 가족 만남의 날은 여러 가족

이 한곳에 모여서 대화를 하는 데 반해 가족 만남의 집은 한 가정만 1박 2일 동안 생활하는 공간입니다. 가족 만남의 집은 통상 5명 정도 인원이 참여할 수 있는데 민법상 친족 관계가 분명한 사람에 한해서만 인정을 하고 있습니다.

Q. 가족 만남의 날이나 가족사랑 캠프는 몇 시간 안에 행사를 마칩니다. 그런데 가족 만남의 집은 1박 2일 동안 별도의 장소에서 진행하게 됩니다. 이런 사실이 좀 우려스러운데요. 어떤 장치가 있는지 궁금합니다.

A. 모든 수용자에게 편안하고 자유로운 환경을 제공하면 좋겠지만 그럴 수 없는 것이 현실입니다. 그래서 일정한 제한은 두고 있습니다. 이를테면 수용자의 일반적인 처우 기준을 마련하기 위해서 경비 처우 등급이라는 게 있습니다. 경비 처우 등급은 4개 등급으로 나누어져 있는데 그중에 개방처우급과 완화경비처우급에 해당하는 수용자는 가족 만남의 날, 가족 만남의 집, 가족사랑 캠프 등에 일반적으로 참여할 수 있는 대상입니다. 일반경비처우급이라고 해서 3단계에 있는 사람들도 필요하면 허가를 해 주고 있습니다.

Q. 처우 등급에 대해 좀 더 설명 부탁드립니다.

A. 2008년도 이전에는 1급, 2급, 3급, 4급이라고 분류했습니다. 그런데 지금은 개방처우급, 완화경비처우급, 일반경비처우급, 중(重)경비처우급으로 분류하고 있습니다. 차등한 수용자의 처우를 통해 스스로 개선하도록 하는 동기 부여를 목적으로 하고 있습니다. 그리고 사회적으로 위험이 될 수 있는 사람인지 확인하여 개방해도 되는지를 판단하고 있습니다. 그래서 다양한 내용을 분석해서 처우 등급을 나누고 있습니다. 기본적으로 성별이나 국적 등에 따른 분류를 기본수용급이라고 합니다. 도주 등의 위험성에 따라서 어떤 수용시설에 수용할 것인가, 경계하고 보호는 어느 수준으로 할 것인가, 범죄성은 어느 정도 개선이 되었는가, 수용 생활을 얼마나 잘하는가 하는 것에 따라서 처우 수준을 달리하는 경비처우법이 있습니다. 그리고 세 번째로, 최근에 저희가 관심을 많이 두고 있는 것인데 수용자의 개별적인 특성에 따라서 분류하는 것입니다. 어떠한 취미를 갖고 있고, 어떤 특성이 있는지, 어떤 교육 과정을 이수하게 해서 사회적응 능력을 키울 것인지 하는 것을 중점으로 하는 것입니다. 그래서 처음에 들어와서 형량이 확정되면 적성 검사, 성격 검사, 본인의 희망 이런 것들을 종합적으로 검사하고 분석합니다. 검사 결과에 따

라 교육과 직업 훈련, 작업의 내용이 달라집니다. 수용 생활 중에 필요한 플랜을 짜는 것입니다. 이것을 개별처우급이라 고 합니다.

" 여러분은 어떻게 들으셨습니까? 가정이 중요합니다. 특히 교도소 안에서의 가족은 모든 것을 회복할 수 있고 또 새로운 인생을 살 수 있는 동기가 될 수 있습니다. 누군가 의도하지 않은 일로 담장 안에 있다면 그들과 그 가족에게 따뜻한 시선과 열린 마음으로 찾아가는 우리가 되었으면 좋겠습니다. 그분들이 새로운 인생을 사는 데 큰 도움이 될 것입니다.

법무부 교정본부 사회복귀과 이언담 과장님과 이야기를 나눴습니다. "

❝ 다시 한번 이언담 과장님과 교정기관의 가정 프로그램을 이야기하면서 수용자들에게 있어서 가족이 얼마나 중요한지 알아보겠습니다. ❞

Q. 지난번에 처우 등급에 따라 차이가 있다고 하셨는데 거기에 대해서 다시 한번 설명 부탁드립니다.

A. 교도소 교정시설을 이해할 때 수용자가 어떤 처우를 받고 있는지 궁금하실 겁니다. 어떤 사람은 밖에 나와서 일을 하고, 어떤 사람은 한 달에 접견을 네 번 하는데 다른 사람은 열 번을 하기도 합니다. 또 어떤 사람은 차단막이 없는 곳에서 만나기도 하고, 가족 만남의 날 행사에 참여하기도 합니다. 이렇게 각기 다른 처우를 받고 있습니다. 이런 것을 자세

하게 설명하기에는 용어도 일반화되지 않아서 이해하기 어렵겠지만 간략하게 설명하도록 하겠습니다.

기본수용급은 기본적으로 남자와 여자, 국적과 나이, 형기에 따라서 분류합니다. 이러한 것을 기본 수용법이라고 합니다.

경비처우급은 도주 위험을 말합니다. 수용시설의 생활 정도, 귀휴 정도, 범죄성이 얼마나 진정이 되었는가, 재범인지 상습범인지, 작업이나 교육의 적응 정도에 따라서 분류합니다. 이 경비처우급이 가장 중심적인 처우급이라고 보시면 됩니다. 이것은 범죄자를 격리하는 이유가 이 사람들에게 고통을 주기 위한 것이 아니라 사회의 안전을 위하는 것이라는 사실을 말하는 것입니다. 사회 안전을 위해서 이 사람들을 격리해서 교육하고자 하는 것이기 때문에 그 도주의 위험성이 크다면 아무래도 좀 더 강화된 시설에 수용할 수밖에 없습니다. 그리고 도주의 위험성이 적고, 도주한다고 해도 사회적 위험성이 낮다고 판단되면 좀 더 완화된 처우를 하는 것입니다. 그래서 4개의 단계를 만들어 놓은 것입니다. 4개의 단계는 개방처우급, 완화경비처우급, 일반경비처우급, 중(重)경비처우급이 있습니다. 한 시설에서 이 네 가지 처우가 다 이루어진 곳도 있고, 교도소마다 그 특성이 있는 처우를 하는 것도 있습니다.

그래서 지난주부터 이야기하고 있는 내용 중 가족 만남의 날, 가족 만남의 집 등 가족과 직접적인 만남은 그래도 조금 더 상위에 있는 개방처우와 완화경비처우의 사람들이 원칙적으로 해당하는 것입니다. 일반경비나 중경비급에 있는 사람들이 좀 더 열심히 해서 교정 성적을 높이고, 또 수용 생활을 잘해서 이런 혜택을 받고자 노력하도록 동기 부여를 하고 있습니다.

Q. 수용 생활을 잘하는 사람을 대상으로 하여 가족이 함께 여행하는 프로그램도 있는지 궁금합니다.

A. 수용자들이 가족과 함께 여행을 간다고 표현하기는 쉽지 않은데요. 다만 가족사랑 캠프가 그런 역할을 하는 것 같습니다. 아이들을 기르면서 부모의 역할을 좀 더 알았더라면, 부부 관계에서 내가 어떤 역할을 해야 하는지 알았더라면, 가정생활에 대해 배울 수 있었다면 하는 아쉬움이 있습니다. 더구나 수용 생활을 하는 이들에게는 그런 아쉬움이 더 큽니다. 아이들은 아이들대로 가족은 가족대로, 서로에 대한 서운한 마음이 있습니다. 그러한 서운함과 아쉬운 마음을 전문가가 메꿔줄 필요가 있다는 것입니다. 그래서 전문가

가 운영하는 캠프를 진행하고 있습니다.

　일단 여러 가족을 모집합니다. 한 가족만 하는 게 아니고 여러 가족이 같은 옷을 입고, 여러 가지 프로그램에 참여하면서 교제하고 친밀감을 높이며 회복하도록 하는 것입니다. 처음에는 굉장히 어색해합니다. 교도소에 들어와서 탁자에 같이 앉아 있으면 남편이고, 아버지인데도 서로 멀뚱멀뚱 쳐다보고만 있습니다. 어떤 말을 하고 어떻게 접근해야 할지 모르기 때문입니다. 그래서 마치 여행지에 온 것처럼 하는 것입니다. 멀리 여행을 가서 우리 가족만의 생각을 나누고, 그동안에 무엇이 잘못되었는지 대화가 필요하다면 대화를 하고, 화해가 필요하다면 화해를 하면서 관계를 회복하는 것입니다. 자신을 돌아보며 반성하고, 서로를 이해하는 기회를 제공하는 것이 가족사랑 캠프라고 할 수 있습니다.

　Q. 수용자들에게는 귀휴가 있는 것으로 알고 있는데요. 대상자는 누구이며 어떻게 진행하는 것인지 궁금합니다.

　A. 귀휴는 수형 생활 중 휴가라고 생각하시면 됩니다. 형기의 3분의 1이 지나고, 사회적 위험성이 없는 사람을 대상으로 여러 가지 범죄성이라든가 생활 관계 등 다양한 검토를 한 후에 허가합니다. 사회적응 능력을 키우기 위해서 혹은 가족

관계 회복을 위해서 필요하다면 2박 3일, 3박 4일의 시간 동안 집으로 돌아가 가정생활을 하다가 돌아오도록 하는 것입니다. 그리고 특별귀휴라고 해서 부모님이 돌아가셨다거나 자녀가 결혼하는 경우에는 잠시라도 가족의 일원으로서 역할을 할 수 있도록 귀휴를 허가하고 있습니다.

Q. 가족 관계 회복 프로그램에 관한 이야기를 들으면서 다양한 노력을 하고 있다는 생각을 했습니다. 그런데 프로그램을 진행하면서 위험한 상황은 없는지 궁금합니다.

A. 이런 행사를 할 때는 어느 정도 위험을 감수하고 있습니다. 아무리 위험성이 낮은 개방 최고 대상자이고, 완화경비 대상자여도 예기치 않는 사고가 일어나기도 합니다. 가져올 수 없는 것을 몰래 가지고 온다거나, 불필요한 물품을 반입하여 자유를 좀 더 만끽하려는 생각으로 문제를 일으키기도 합니다. 그런 위험성 때문에 현장에서 직원들이 어려움을 겪고 있습니다.

Q. 수용자들의 가족 관계 회복을 위해서 아버지 학교와 어머니 학교를 운영한다고 하셨는데 며칠 동안 하는지 궁금합니다.

A. 약 4주간 토요일마다 운영하고 있습니다.

Q. 수용자 가족 중에는 부부가 다 상처 입고 힘들어하는 경우가 있을 것 같습니다. 부부간의 대화를 원활하게 하거나 친밀도를 높여주기 위해 심리치료 프로그램 같은 것은 없는지 궁금합니다.

A. 가족만을 대상으로 하는 상담 제도를 활성화하고 있습니다. 하지만 부부를 대상으로 부부 치료를 위한 심층적인 상담 프로그램까지는 아직 들어가고 있지 않습니다.

Q. 우리나라 현재 수용자들이 5만 명이 넘는 것으로 알고 있습니다. 현재 가족 접견 프로그램도 좋지만, 상처 입은 사람들끼리 만나는 1박 2일로 얼마나 회복할 수 있는가 하는 생각이 듭니다. 만남의 결과를 극대화하기 위하여 이 사람들이 만나기 전에 담 안에서 교육하는 것은 없는지 궁금합니다.

A. 최근에 강화하고 있는 것이 심리 인성 교육입니다. 집중 인성 교육 시스템을 2015년부터 시작해서 거의 정착 단계에 들어섰습니다. 교육을 이수한 수용자들을 직접 만나서 이야기도 듣습니다. 그들에게 어떤 변화가 있고 어떤 효과가 있었는지 물어보면 "왜 이런 내용을 이제야 알았을까 진작 알

앉으면 좋았을 텐데"라는 말을 합니다. 여러 번 수용 생활을 하는 이들도 "이런 교육이 그때 있었더라면 제가 다른 길을 갈 수 있었을 텐데" 하는 이야기를 합니다.

저희가 안에서는 집중 인성 교육, 심리치료 센터, 정신보건센터 등 다양한 형태의 치료 과정을 운영하고 있지만, 밖에 있는 가족들까지 터치하기는 현실적으로 어렵습니다.

Q. 접견이라는 제도를 통해 12분 정도 수용자를 만날 수 있는데요. 접견하는 사람들이 연장하기 원하면 시간 연장이 가능한지 궁금합니다.

A. 이 부분은 기관의 실정에 따라서 조금씩 다릅니다. 서울구치소 같은 경우는 워낙에 많은 사람이 있고, 시설 인력은 한정되어 있어서 원하는 만큼 배려할 수 없습니다. 누군가에게 배려하면 다른 사람은 못 만나는 경우가 생기기 때문입니다. 그래서 어쩔 수 없이 규칙을 따를 수밖에 없습니다. 그러나 정말 필요한 경우, 특히 가족 회복을 위해서 가족 간의 대화가 더 필요하다거나 아이들이 부모를 만나러 올 때를 대비해서 최근에 가족 접견실 제도를 활성화하고 있습니다.

Q. 가족 접견실 제도는 참 좋은 것 같습니다. 제도에 대

해서 한 번 더 이야기해주시면 감사하겠습니다.

A. 드라마나 영화에서 수용자를 만날 때 유리 벽이나 칸막이가 있는 곳에서 1대 1로 대면하는 장면을 많이 봅니다. 그런데 자녀가 시설에 와서 부모를 만날 때 그런 장소에서 만나게 되면 마음의 상처가 더 커질 것이라는 생각이 듭니다. 그래서 아동이나 미성년자가 오거나 부부의 문제 해결이 절실하게 필요하다고 판단될 경우, 잠시라도 정을 나눌 수 있도록 가족 접견실이라는 별도의 장소에서 접견하는 것입니다. 가족 접견실은 경직되지 않고 조금 더 완화된 분위기에서 좋은 효과를 낼 수 있는 그런 제도라고 보시면 됩니다.

Q. 가족 접견은 그 가족만 모일 텐데 수용자는 어떤 옷을 입고 나오는지 궁금합니다.

A. 어른이 올 때는 사실 큰 문제가 없습니다. 하지만 아이들이 오는 경우는 배려가 필요합니다. 그래서 18세, 19세 미만을 미성년으로 인정을 하고 있기에 그 이하의 자녀가 오면 사복을 입을 수 있도록 배려하고 있습니다. 또 가족 접견실 자체도 '아동친화형'이라고 해서 아이들이 마치 놀이터에 온 것처럼 뛰어놀기도 하고, 엄마 아빠와 함께 아주 편안한 시간을 보낼 수 있도록 하고 있습니다. 한 가정의 거실보다도 더

안락함을 주는 편안한 장소로 만들기 위해 힘쓰고 있습니다. 이러한 접견실을 확대해서 계속 설치하고 있습니다.

　　Q. 지금 어느 정도 시행되고 있는지 궁금합니다.

　　A. 지금 7개 정도의 시설에서 시행하고 있습니다. 처음에는 세움이라는 곳에서 여주교도소에 샘플 하나를 제공했습니다. 그것으로 시범 운영을 했는데 반응이 좋아서 확대할 필요를 느낀 것입니다. 만족도가 아주 높았습니다. 그래서 새롭게 만드는 가족 접견실은 그 기준에 맞춰서 만들고 있습니다. 앞으로 전국 교정기관에 전부 설치하여 아이들, 특히 미성년 자녀가 있는 수용자들이 자녀를 만날 때 편안한 분위기에서 만나고 대화할 수 있도록 하여 가족 관계가 회복되도록 할 계획입니다.

　　Q. 끝으로 청취자분들에게 한말씀 부탁드립니다.

　　A. 교정이 그동안 법치 교정을 중점으로 했다면 이제는 치유 교정으로 가고 있습니다. 법치 교정은 어떻게든지 법령에 따라서 수용자를 공정하게 처우하겠다는 것에 중점을 두었다면, 그 단계를 넘어서 실제 수용자들이 어떻게 심리적으로 혹은 정신적으로 치료를 받고, 사회에서 본인의 능력으로

살 수 있도록 할 것인가 하는 문제를 다루는 것이 치유 교정입니다. 이를 위해서 교정본부에서는 재작년에 심리치료과를 만들었고, 성폭력 가해자 교육을 위한 심리치료센터, 정신질환자들을 위한 정신건강센터와 심리치료팀 등을 운영하고 있습니다. 이러한 프로그램을 위해 외부 전문가와 긴밀하게 협력하고 있을 뿐만 아니라 직원들의 전문성 향상을 위해 다양한 노력을 기울이고 있습니다. 이러한 교정본부의 내부적인 노력도 중요하지만, 무엇보다도 국민의 관심과 사랑이 훨씬 더 필요하다고 생각합니다. 그래서 교정에 관한 관심과 수용자와 출소자에게 따뜻한 시선을 보내 주셨으면 좋겠습니다. 그것이 저희가 바라는 바이고, 수용자와 출소자가 하루라도 빨리 사회에 적응하는 길이라고 생각합니다. 어쩌면 그것이 교정의 첫걸음이 아닐까 생각됩니다.

" 교정기관에서 아무리 좋은 프로그램을 진행해도 출소하신 분들은 결국 가정과 우리 이웃으로 돌아옵니다. 그렇다면 가족과 이웃들이 따뜻하게 품어주고 격려하는 것이 그분들이 우리 사회의 일원으로서, 한 가정의 구성원으로서 인생을 행복하게 살도록 손을 내미는 길이 아닐까 싶습니다. 담

안에 있는 영혼들, 힘들어하는 분들에게 따뜻한 말 한마디와 미소를 건넬 수 있는 용기와 여유가 있기를 소망합니다.

지금까지 법무부 교정본부 사회복귀과 이언담 과장님과 함께 이야기 나눴습니다.

"

법무부보호관찰소
포항지부
인터뷰

❝ 사람은 누구나 실수를 합니다. 그런데 실수를 어떻게 극복하느냐에 따라서 나중에 웃기도 하고 더 힘들어지기도 합니다. 한순간의 실수로 교도소에 가거나 사회봉사명령을 받는 일도 있습니다. 우리는 작은 실수도 하지 않도록 언제나 하나님을 향하여 민감하게 반응하고 행동해야 할 것입니다. 또한 생각하지 못한 일로 인해 어려운 상황에 놓이더라도 끝까지 하나님을 의지하며 믿음으로 극복할 수 있었으면 좋겠습니다.

오늘은 포항보호관찰소 최호철 관찰 과장님과 보호관찰소에 대해서 알아보고자 합니다.

❞

Q. 보호관찰소와 보호관찰제도가 무엇인지 궁금합니다.

A. 보호관찰은 범법자들을 교도소와 같은 시설에 수용하는 대신 사회에서 자유롭게 생활하게 하면서 보호관찰관의 지도와 감독을 받게 하는 것입니다. 재범을 방지하려는 제도로 우리나라에는 1989년에 도입되어 시행되었습니다. 주된 업무로는 보호관찰, 사회봉사·수강명령, 조사, 전자감독, 법 교육 등을 하고 있습니다.

Q. 보호관찰제도 대상자로 사회봉사 명령을 받은 분들은 주로 어떤 방법으로 사회봉사를 하며, 가석방되어 보호관찰 지도를 받는 사람들은 어떤 지도를 받게 되는지요?

A. 사회봉사명령은 직접집행과 협력집행으로 나눌 수 있습니다. 직접집행은 보호관찰소 직원이 직접 대상자들을 인솔하여 감독하면서 집행하는 것이고, 협력집행은 지정된 협력기관을 통하여 집행하는 것입니다. 직접집행에는 농협과 연계하여 집행하는 농촌지원 사회봉사, 수요자의 신청에 따라 집행하는 사회봉사국민공모제 등이 있고, 협력집행은 관할 지역 내 협력기관으로 지정된 17개 기관에 보내 집행하는 것입니다. 협력기관은 주로 노인·아동·장애인 관련 복지시설입니다.

사회봉사 이행 시 대상자 스스로 자발성이 높을수록 그

효과도 크므로 악기, 미용, 건축 등 기술을 가진 대상자는 해당 기술을 활용해 작업할 수 있도록 배치하고 있습니다. 그리고 교도소에 복역하다 형기 만료 전 가석방된 사람에 대한 보호관찰은 보호관찰심사위원회 결정 시 일반준수사항 외 특별준수사항을 부가하기도 하는데 이를 잘 지키는지 수시로 확인합니다. 만일 위반이 드러나면 그 사유를 조사하고 반복하여 위반하지 않도록 지도 감독하고 있습니다.

Q. 일반적으로 전자발찌는 성폭행범이 법원의 판결로 착용합니다. 그런데 성폭행범이 아니어도 전자발찌를 착용하기도 하는지 궁금합니다.

A. 성폭력범죄로 전자발찌를 착용하게 되는 경우는 성폭력범죄를 2회 이상 범하여 그 습관이 인정되거나, 19세 미만의 미성년자 또는 장애가 있는 사람을 대상으로 성폭력범죄를 저지른 때 등입니다. 성폭행의 상습성이 인정되고 재범의 위험성이 높은 경우에 법원의 결정으로 착용하게 됩니다. 성폭행범이 아니라도 전자발찌를 착용할 수 있는데 살인, 강도, 아동유괴와 같은 강력범이 여기에 해당합니다. 물론 이런 강력범죄를 저지르더라도 19세 미만의 사람은 해당하지 않습니다.

Q. 성폭행범으로 정보공개 된 사람들의 신상을 국민도 알 수 있는지, 알 수 있다면 그 방법은 무엇인가요?

A. 여성가족부에서 운영하는 '성범죄자 알림e' 사이트에 들어가면 해당 범죄자의 성명, 주소, 실제 거주지 등을 확인할 수 있습니다. 또한 신상등록정보 고지 제도를 통해서도 주거지 인근에 거주하는 성범죄자를 확인할 수 있습니다. 법원에서 신상등록정보 고지가 결정된 성범죄자의 신상정보를 만 19세 미만의 여자아이가 있는 가정, 어린이집, 유치원, 학교 등으로 보내는 것입니다.

Q. 보호관찰소에서는 전자발찌를 착용한 사람들의 행동 범위를 어느 정도까지 감시할 수 있습니까?

A. 근해를 포함한 대한민국 영토 내에서는 24시간 파악할 수 있습니다. 그리고 어린이집이나 유치원, 학교 등 아이들이 있는 아동 청소년 관련 기관에 접근금지 명령을 받은 사람은 24시간 아동시설 접근 여부를 감시할 수 있습니다. 또한 심야 시간 외출제한명령이 부과된 경우 해당 시간, 예를 들면 24:00부터 06:00까지 외출 여부를 즉시 확인할 수 있습니다.

Q. 법원에서 보호관찰 명령을 받거나(성폭행범이나) 가

석방된 후 명령에 불응하면 어떤 조치를 하고 있는지요?

A. 준수사항 위반 정도에 따라 다릅니다. 경미 한 경우에는 서면 경고장을 주고 다시 위반하지 않도록 교육합니다. 그러나 고의로 주거지에 상주하지 않고 도망을 가거나 의도적으로 보호관찰관의 지도 감독에 따르지 않는 등 위반이 중할 경우 법원에 집행유예 취소 신청을 하게 됩니다. 가석방자의 경우에는 보호관찰심사위원회에 가석방된 것을 취소 신청합니다.

그리고 치료 명령은 정신과 질환이 있는 사람이 보호관찰을 통해 병원 치료를 받도록 하는 제도인데, 보호관찰관이 직접 인솔하여 심리치료를 받게 하거나 치료 약물을 복용하고 있는지 검사하여 사회의 안전을 도모하고 있습니다. 치료에 불응하는 경우에는 보호관찰 준수사항 위반으로 집행유예 취소 신청을 할 수 있습니다.

Q. 성폭행범과 같은 지역에 있는 분들에게 성폭행범 대처 요령을 교육하고 있는지요. 그리고 성폭행으로 전자발찌를 부착한 사람들은 어떤 교육을 받게 됩니까?

A. 지역의 주민들을 대상으로 성폭행 대처 요령에 대한 교육은 현재 하고 있지 않습니다. 성범죄자들은 자신보다 약해 보이는 사람, 즉 방어 능력이 떨어지는 어린이, 장애인 등을

대상으로 범행을 저지르는 경우가 많습니다. 그렇기에 주변에서 모르는 사람이 짐을 들어달라거나 먹을 것을 주면서 함께 갈 것을 요구할 때 함부로 따라가지 않도록 주의해야겠습니다. 그리고 비상 상황이 발생하면 주변에 적극적으로 도움을 요청해야 합니다.

전자발찌를 부착한 사람들은 성폭력 치료프로그램을 통해 자신의 성폭력 문제를 인식하고 개선하도록 하고 있습니다. 대상자별로 성폭력에 이르게 된 주된 요인(음주, 인터넷 채팅 등)을 파악하여 같은 문제 행동을 반복하지 않도록 지도 감독하고 있습니다. 그 외에도 평소 담당자와 착용자가 주기적으로 문화체험(영화관람 등)이나 식사를 하는 등 적절한 스트레스 해소 프로그램도 진행하고 있습니다.

Q. 보호관찰제도의 장점은 무엇인지 궁금합니다.
A. 사회생활의 단절 없이 보호관찰을 받을 수 있는 것입니다. 자유를 제한하는 징역형 등을 받고 수용시설에 수용되면 사회생활을 유지할 수 없는 것이 가장 큰 문제입니다. 그래서 복역 후 다시 사회에 진출할 때 사회적응에 상당한 어려움을 겪을 수밖에 없습니다.

Q. 바라는 것이 있다면 말씀 부탁드립니다.

A. 보호관찰제도가 도입된 지 30년이 지났지만, 아직도 보호관찰을 잘 모르는 것 같습니다. 최근 특정 강력범죄가 발생할 때마다 언론에 집중보도 되면서 제도의 역할에 대해 의문을 가지는 분도 있습니다. 그러나 분명한 것은 전자감독제도의 도입으로 이전보다 재범률이 8분의 1로 감소하는 등 보호관찰 제도가 짧은 기간 내 많은 성과를 내었습니다. 그리고 전국의 보호관찰소 직원들은 국민의 기대에 부응하기 위하여 노력하고 있습니다. 그러니 범죄 등 주변 상황을 막연한 두려움으로 보기보다는 좀 더 객관적인 시각으로 바라보면 좋겠습니다.

한국법무
보호복지공단
대구지부
인터뷰 1

　　❝　어둠 속에서 인생을 살았던 분들에게 따뜻한 위로과 사
랑의 손길을 전하며 힘과 용기를 주는 분들이 계십니다. 출소
한 분들에게 삶의 소망을 주는 것뿐만 아니라 그들이 자리를
잡고 사회의 일원으로 우리 곁에 있도록 도와주시는 분들입
니다. 바로 한국법무보호복지공단 분들입니다.

　　오늘은 한국법무보호복지공단 대구지부 박태규 지부장
과 법무보호복지공단이 하는 일에 관해서 이야기 나누겠습
니다.　❞

　　Q. 안녕하세요. 소개 부탁드립니다.
　　A. 안녕하십니까, 한국법무보호복지공단 대구지부 박태

규 지부장입니다.

Q. 한국법무보호복지공단을 모르는 분들이 계실 텐데 한국법무보호복지공단이 어떤 일을 하는 곳인지 소개 부탁드립니다.

A. 법무보호복지공단은 보호관찰 등에 관한 법률과 사회복지사업법에 의거하여 법무보호대상자의 건전한 사회복귀 촉진과 효율적인 범죄 예방 활동을 전개함으로써 개인 및 공공의 복지를 증진하고 건강한 사회구성원으로 사회복귀를 지원하는 목적으로 설립된 법무부 산하 공공기관입니다.

Q. 보호대상자들이 주로 어떤 사람들인지 구체적으로 말씀 좀 부탁드립니다.

A. 보호대상자들은 흔히 출소자들이라고 생각하시는데 좀 넓은 개념으로 보아야 합니다. 형의 선고유예나 집행유예 가석방을 포함한 형기 종료, 벌금까지도 다 포함이 됩니다. 형사처분이나 보호 처분을 받은 사람들입니다. 저희는 이들의 재범 방지와 자립 기반 조성에 도움을 주는 그러한 프로그램을 운영하고 있습니다.

Q. 형사처분이라고 한다면 재판을 다 받은 사람을 말하는 것인가요?

A. 네 그렇습니다.

Q. 그렇다면 실형이나 금고형을 받지 않고 벌금형을 받았다 할지라도 공단에 문의하면 보호대상자로 도움을 받을 수 있다는 것인가요? 법무보호복지공단에서는 출소자들만 대상으로 하는 줄 알았습니다.

A. 그렇지 않습니다. 앞에 이야기한 것처럼 가석방, 벌금까지도 다 포함됩니다.

Q. 공단이 목표로 하는 것은 무엇인지 궁금합니다.

A. 공단의 비전은 재범 방지 중추 기관의 역할을 하는 것입니다. 그래서 나눔과 포용, 따뜻하고 건강한 시민 사회 만들기란 표어를 가지고 보호대상자와 직원, 자원봉사자가 일심으로 아름다운 동행을 실천하는 것입니다.

Q. 법무보호복지공단은 보호대상자들이 사회의 일원으로 돌아올 수 있도록 도와주는 역할을 하고 있습니다. 보호대상자 사회복지지원 역량 강화라고 하셨는데 주로 어떤

일을 하는지 궁금합니다.

A. 보호프로그램과 관련이 있습니다. 일반적으로 알려진 부분은 숙식을 제공하고, 직업 훈련을 도와주며, 취업을 알선한다는 정도입니다. 보호프로그램은 대략 14가지 정도가 됩니다. 사회복지지원 역량 강화를 위해서 숙식 제공이나 직업 훈련, 취업 알선 외에도 허그일자리지원 사업, 창업지원, 주거지원 사업도 하고 있습니다. 아주 생계가 어려운 대상자에게는 긴급 원호를 한다거나 자녀의 학업 지원도 하고, 사회성향상 교육이나 심리 상담도 하고 있습니다.

Q. 사회성향상 교육을 진행하는데 남성과 여성을 다르게 지원하는지 궁금합니다.

A. 차이가 있습니다. 사실 사회성향상 교육은 굉장히 중요한 프로그램입니다. 이분들이 건전하게 사회로 복귀해서 우리와 함께 살아가야 하는데, 사회성이 떨어지면 그럴 수 없기 때문입니다. 우선 남성 보호대상자들의 이야기를 하면 네가지를 중점적으로 운영을 하고 있습니다. 첫 번째는 기초 소양 교육, 두 번째는 체험 교육, 세 번째는 봉사활동 그리고 네번째는 심리치료입니다. 기초 교양 교육은 이렇게 진행합니다. 교정시설을 자주 왔다 갔다 하면서 나이는 먹었지만, 사

회 지체로서 혹은 문화 지체로서의 모든 역량이 결핍되어 있습니다. 그러다 보니 일반적인 주민 행정이나 생활과 관련된 행정은 물론 산업 현장에서 어떻게 대처해야 하는지도 모르는 경우가 많습니다. 또한 이분들은 안타깝게도 신용불량자가 대부분입니다. 그래서 신용 회복과 관련된 금융 문제는 물론이고 보건 상식, 사회생활을 하는 데 필요한 생활 법률 등을 안내하고 교육을 하고 있습니다. 신용 회복에 대해서는 신용회복위원회 전문가가 오셔서 상세하게 상담을 하고 있습니다.

Q. 체험 교육은 어떤 것인가요?

A. 체험 교육은 유적지 답사, 산업시설 견학 그리고 여러 가지 문화 공연 관람 등의 프로그램으로 진행하고 있습니다. 대상자들은 가치관도 잘 형성되어 있지 않고, 자립 의식과 같은 부분이 약한 것도 사실입니다. 그런 분들에게 문화 유적지나 산업시설 견학 그리고 각종 문화 공연 체험을 하도록 하여 마음의 여유를 찾고 심리적인 안정을 주고자 하는 것입니다. 실질적으로 효과도 많이 나타나고 있습니다. 유적지나 산업시설 견학을 하고 나면, 본인이 몰랐던 부분을 새롭게 인식하게 됩니다. 이런 지식적인 습득이 가치관 형성에 도움을 주는

부분도 있지만, 근본적으로는 고도화된 우리나라의 산업시설을 보며 대한민국의 일원으로서 나도 한번 힘차게 일 해봐야겠다는 의지가 고취되기도 합니다.

Q. 세 번째는 봉사활동이 있는데 어떤 것인지 궁금합니다.
A. 보호대상자들은 가해자의 입장입니다. 내가 남한테 피해만 주는 사람이 아니라 나도 누군가를 도와줄 수 있다는 사실을 경험하게 하는 것입니다. 불우 이웃이나 사회복지 시설에 가서 직접 봉사활동을 합니다. 과거에 포항에서 큰 지진이 있었는데 이런 재난이 일어났을 때도 현장을 보고 봉사하며, 어려움을 같이 느끼고 함께 하도록 하는 것입니다. 실제로 봉사에 참여했던 사람들은 뿌듯해하고 자긍심을 느꼈다고 합니다. 나도 누군가를 위해서 도움을 줬다는 사실, 나도 사회의 일원으로서 무언가를 했다는 사실에 만족을 느끼는 것입니다. 그리고 나보다 어려운 이웃이 있다는 것을 눈으로 직접 확인하며, 나만 불행하다는 생각에서 벗어나는 것 같습니다. 장애인 시설에 가면은 목욕 봉사도 합니다. 이런 봉사를 할 때는 부모님을 생각해서 그런지는 모르겠지만 따뜻하고 평온해지는 것을 볼 수 있습니다. 무언가 회복되는 과정일 것 같습니다.

Q. 심리 치료에 대해서 말씀 좀 부탁드립니다.

A. 심리 치료 프로그램은 비교적 최근에 도입된 프로그램입니다. 공단 각 지부에 전문 심리상담사가 배치되어 있습니다. 이분들은 대상자들의 심성순화나 정서 함양을 위해서 집단 상담을 하거나 외부 전문가를 초빙해서 미술치료, 원예 치료, 웃음 치료 등을 병행해서 운영하고 있습니다.

Q. 실제로 보호대상자에게 심리 치료는 많은 영향력을 미친다고 봅니다. 그런데 대상자의 가족도 고통을 겪고 있을 텐데 혹시 보호 대상자뿐만 아니라 가족이나 자녀들을 돕는 심리 치료는 없는지 궁금합니다.

A. 보호 프로그램이 몇 년 전까지만 해도 예산이 부족하고 인력도 부족하여 출소자 개인에게만 맞춰져 있었습니다. 그런데 부모가 교정시설을 자주 드나들면 자녀는 자연스럽게 범죄와 관련된 상황에 노출이 됩니다. 범죄의 대물림 현상이 일어나 사회적으로 큰 문제가 될 것을 우려했습니다. 그래서 본인뿐만 아니라 가족들을 함께 돌보는 것이 더 효과적이라는 인식이 생겼습니다. 요즘은 보호대상자들을 특수 취약 계층으로 봅니다. 불과 몇 년 사이에 특수 취약계층을 위한 예산도 많이 늘어나고 직원도 증원되었습니다. 자녀들을 위

해 자녀학업지원이라는 프로그램이 있는데 공단에서 직접 지원해주는 프로그램도 있고, 대학생 자원봉사자가 활동하는 것도 있습니다. 대학생 자원봉사자 중에서 대학생 보호 위원회가 구성되어 자녀들의 학업 멘토가 되는 것입니다. 부모님이 출근하여 혼자 집에 있을 때 아이들과 함께 놀아주기도 하고 문화체험도 하고 있습니다. 학업 지도만 하는 게 아니라 보호자의 역할을 하는 것입니다.

Q. 혹시 가족 관계 회복 프로그램이 있는지 궁금합니다.
A. 가족 관계 전체를 회복하기 위한 프로그램이 있습니다. 부부 사랑 행복 캠프, 가족 화합 소통 캠프와 같은 것을 운영하고 있습니다. 부모와 자녀가 함께 참여하는 것입니다.

Q. 지금까지 남성 보호 대상자들의 이야기를 나누었는데 여성 보호 대상자들에게는 어떤 프로그램이 있는지 궁금합니다.
A. 여성 보호대상자들은 유일하게 경기 남부 지부에서 여성 보호대상자들을 지원하면서 기술 교육도 병행하고 있습니다. 기술 교육으로는 여성 취업과 관련된 직종인 바리스타 과정, 한식, 중식, 일식 등 조리 기능사 자격증 과정, 제과

제빵 기능사 과정, 의류 수선이나 리폼 과정, 퓨전 떡 과정 등을 교육하고 있습니다.

Q. 시설에 와서 취득한 자격증은 어떻게 사용합니까?

A. 자격증을 취득하고 사용하지 않으면 아무런 의미가 없을 것입니다. 그래서 보호 사업은 14개의 단위 사업이 있는데, 그중에서 인력과 예산을 가장 많이 투입하는 부분이 허그일자리지원 사업입니다. 이것은 취업지원 사업입니다. 교육을 받으면 취업과 연계가 됩니다. 교육받은 직종과 관련된 사업장에 취업하도록 연계시켜주는 것입니다. 허그일자리지원 프로그램을 통해서 취업하는 비율이 굉장히 높습니다. 이것은 남성이나 여성 모두 똑같이 하고 있습니다.

Q. 남성은 법무보호복지공단의 각 지부에 숙소가 있는데 여성의 숙소도 있는지 궁금합니다.

A. 경기 남부 지구 안에 생활관 시설이 있습니다. 그곳에서 교육도 받고 취업 활동도 하고 있습니다.

Q. 혹시 생활관에 거주하지 않고 기술만 배우고 싶은 사람이 있다면 그것도 가능한지요.

A. 가능합니다. 공단에서 자체적으로 직업기술교육원 7
곳을 운영하고 있습니다. 공단에서 할 수 없는 부분은 일반
위탁 학원에 의뢰하고 있습니다. 집에서 다닐 수 있도록 한 사
람 당 300만 원까지 지원하고 있습니다.

Q. 혹시 한 사람이 딸 수 있는 자격증 수가 있는지요.
A. 한 사람이 두 개의 자격증까지 딸 수 있습니다. 실제
로 두 개를 따는 사람들이 있습니다.

66 법무보호복지공단은 어떻게 보면 보호대상자들의 막강
한 후원자 역할을 하는 것 같습니다. 한 사람이 일어난다는
건 참 어렵습니다. 열심히 살려고 하는 본인의 노력도 중요하
지만, 주변 사람들의 도움도 필요합니다. 법무보호복지공단
이 하는 일은 이런 도움을 주는 일입니다. 여러분이 많은 관
심을 기울였으면 하고, 혹시 주변에 보호대상자들이 있다면
열심히 살 수 있도록 격려해 주시면 좋겠습니다. 99

한국법무
보호복지공단
대구지부
인터뷰 2

　　　사람이 사람답게 산다는 것은 무엇일까요. 나만을 위해서 사는 것이 아니라, 주변과 함께 그리고 주변을 도와주면서 살아가는 모습이 아닐까 생각합니다. 내가 가진 달란트와 능력을 사용하여 주변 사람들에게 소망을 주고 평안을 주는 것이야말로 사람이 사람답게 사는 아름다운 모습, 곧 그리스도인의 모습일 것입니다. 그것이 바로 예수님이 말씀하신 이웃 사랑입니다.

　　　오늘은 한국법무보호복지공단 대구지부 박태규 지부장님과 주거지원 및 보호 대상자들을 돕는 방법에 관해서 이야기 나누도록 하겠습니다.

Q. 출소하신 분 중에 가족이 없는 분들에 대한 주거지원은 어떻게 하는지 궁금합니다.

A. 주거할 공간이 있다는 것은 굉장히 중요합니다. 그래서 주거지원 사업을 2009년도부터 실시하고 있습니다. 주거지원 대상이 되려면 세대주로서 본인을 포함한 2인 이상이 되어야 합니다. 가족이 없는 1인에게는 주거지원을 하지 않고 있습니다. 이분들에게는 복지공단에서 생활관을 운영하니까 시설에 와서 직업 훈련이나 취업활동을 하도록 하고 있습니다. 시설에서 2년 동안 숙식 제공을 하는데 퇴거하는 시점이 되면 주거에 관한 안내를 상세하게 하고 있습니다. 생활관에 혼자서 생활하는 분 중에는 무연고자, 정말 가족이 없는 사람과 가족은 있는데 가족과의 관계가 회복되지 않아서 가지 못하는 사람도 있습니다. 부인이 남편을 받아들일 준비가 안 되어 있고, 아빠가 오면 가정이 다시 힘들어지기에 거부하기도 합니다. 이런 경우 가족의 품으로 돌아갈 수 있도록 관계 회복에 힘을 쏟고 있습니다.

Q. 공단의 주거지원은 혼자는 안 된다고 하셨는데, 정부 차원의 주거지원은 없는지 궁금합니다.

A. 지방 자치 단체나 LH 공사에서도 1인 가구 임대주택

지원을 하고 있습니다. 그래서 시설 사용 기간이 지났다든지, 취업 후 생활관을 나가는 경우 주민자치센터와 업무협의를 하고 있습니다. 1인 가구 한 분이 그 지역으로 가게 되는데, 임대주택 중 가능한 것이 있는지, 지원 가능한지 등 사전 협의를 진행하고 있습니다.

Q. 현재 공단의 시설 안에 있는 분들은 24개월 동안 물질적인 것을 비롯하여 교육이나 치료와 같은 다양한 지원을 받습니다. 그런데 기간이 되어 퇴소한 후에는 어떤지 궁금합니다.

A. 보호대상자들은 법무보호복지공단의 직원들을 상당히 신뢰합니다. 경찰이나 검찰과 관련한 분들에게는 예민한 반응을 보이지만, 공단 직원들에는 진심으로 고마움을 표시하고 있습니다. 직원들은 그분들의 아픔을 이해하고 직접적인 도움을 주기 때문입니다. 그래서 퇴소 후에도 계속 연락하고 만남을 유지하는 분들도 많이 있습니다.

Q. 합동결혼식도 하던데 합동결혼식을 한 분들의 반응은 어떤지 궁금합니다.

A. 합동결혼식을 올린 부부, 그 가정은 재범률이 거의

없습니다. 그만큼 가정이 소중하다는 것입니다. 이분들은 사실혼 관계로 오랫동안 살아왔지만, 결혼식을 치르지 못한 경우가 많습니다. 합동결혼식을 통하여 많은 분의 축하와 격려를 받으며 새로운 의지를 다지는 것 같습니다. 결혼식에 참석한 사람은 물론이고 준비한 공단에도 진심으로 고마움을 표시하고 있습니다.

Q. 아무래도 출소한 분들이 자리매김하기 위해서는 직업 훈련과 취업이 중요하다고 생각합니다. 앞서 허그일자리 지원 프로그램을 말씀해 주셨습니다만, 그 외에 기술을 배운 후 취업은 주로 어떤 식으로 하고 있는지 궁금합니다.

A. 단위 보호 사업 중에서 취업지원 사업을 가장 중요하게 생각합니다. 우선은 직업 교육이 잘되어야 하겠고, 그다음은 자격증 취득이 중요합니다. 그리고 기술 교육을 받은 사람이 그 기술과 관련된 곳에 취업하는 것이 무엇보다 중요합니다. 직업 교육을 받은 사람의 취업률은 거의 60~70% 정도가 됩니다. 비율이 높은 편인데 이유는 직업 훈련을 받으러 오는 사람은 배운 기술로 취업하겠다는 의지가 강한 사람들이고, 공단에서도 취업 가능한 업체를 아주 많이 섭외하여 연계하고 있기 때문입니다. 또한 대구는 자원봉사자가 500여 명 활

동하고 있고, 전국적으로는 5천여 명이 됩니다. 자원봉사자들 대부분이 취업위원이고, 회사의 경영자들로서 자신의 회사에 직접 고용합니다. 대상자를 보내면 직원 이상으로 관리하고, 보호해주고 도와주고 있습니다.

Q. 기술을 배운 분 중에서 창업하는 분들이 있을 텐데 창업지원은 어떤 식으로 하는 것인지 궁금합니다.

A. 창업지원은 창업에 필요한 기술과 의지는 있으나 자본금이 없어 어려움을 겪는 대상자에게 서민금융진흥원, 구미소금융 중앙재단의 자금을 지원하는 것입니다. 이 사업은 2009년도부터 시작했으며 1인당 최대 5천만 원까지 지원하고 있습니다. 5천만 원은 사무실 임차보증금으로 사용하도록 하고, 임대인과 공단이 임차 계약을 하게 됩니다. 보호대상자는 기초 시설비 혹은 운영에 필요한 자금은 직접 부담하기에 부실의 우려는 없습니다. 그리고 한 사람이 한 번만 지원받을 수 있습니다.

Q. 끝으로 대구지부에서 창업에 성공한 사례가 있다면 말씀 부탁드립니다.

A. 초창기에는 성공 사례가 없었습니다. 이제 10년을 넘

기다 보니 각 지역에서 성공 사례들이 나오고 있는데 그중에서 소개하겠습니다.

　이 사람은 26살에 새마을금고에 입사해서 8년만인 34살에 상무로 승진한 아주 재능 있는 사람입니다. 실무 책임자로서 성실하게 일하던 중 실적을 많이 올리기 위해서 무리하게 진행한 일이 부실 대출로 이어졌고, 이것이 사기죄가 되었습니다. 10개월 정도 수감 생활을 하고 나온 분인데, 이분이 도넛 가게를 운영하고 싶다고 했습니다. 지원 한도는 최대 5천만 원인데 그중 3천만 원을 요청했습니다. 3천만 원으로 도넛 가게를 열어서 성실하게 운영했습니다. 이 사람은 사기죄로 수감 생활을 하면서 이혼했습니다. 이혼 후 초등학교 2학년, 중학교 1학년, 중학교 3학년 자녀의 양육을 책임지게 되었습니다. 그뿐만 아니라 개인적인 채무도 많아서 생계가 힘든 상황이었습니다. 그러나 도넛 가게를 창업하고 성실하게 운영하면서 차근차근 채무를 해결해 나갔습니다. 3년 정도 지났는데 상당히 많았던 채무도 어느 정도 해결되었고, 자녀들도 잘 성장하고 있습니다. 중학생이었던 두 명의 자녀는 교사와 의사를 꿈꾸며 각각 대학에서 열심히 공부하고 있습니다. 채무의 해결과 자녀의 성장으로 아주 밝은 얼굴의 편안한 사람이 되었습니다. 출소한 분들이 정착할 수 있도록 돕는 일과 함께할 수 있는 가족이 있다는 사실이 얼마나 중요한지 다시 한번 느끼는 기회였습니다.

    66 출소하신 분들이 새 삶을 살기 위해서는 누군가의 도움이 절실히 필요합니다. 그 누군가가 바로 여러분이 될 수 있습니다. 여러분의 따뜻한 말 한마디와 배려하는 눈빛이 큰 힘이 될 수 있습니다. 전도서 4장 12절에는 "한 사람이면 패하겠거니와 두 사람이면 맞설 수 있나니 세 겹 줄은 쉽게 끊어지지 아니하느니라"라고 말씀하고 있습니다. 한국법무보호복지공단이 좋은 일을 하기 위해서 청취자 여러분과 자원봉사자들의 많은 후원이 있어야 합니다. 관심과 참여 그리고 기도 부탁드립니다.

지금까지 한국법무보호복지공단 대구지부 박태규 지부장님이었습니다. 99

한국법무
보호복지공단
대구지부
인터뷰 3

    예수님이 이 땅에 오신 것은 자기 목숨으로 많은 사람을 구원하기 위함이라고 성경은 말씀합니다. 그리고 구원받은 이들에게 고아와 과부, 나그네와 옥에 갇힌 자들을 돌아보는 것이 곧 주님을 돌아보는 것이라고 하셨습니다. 주님의 사랑을 받은 사람이 그대로 사랑을 전하는 것입니다. 그런데 우리는 힘들어하는 주변 사람들을 향해 얼마나 손을 내밀고 있는지 생각해 봐야겠습니다. 특히 교도소에 다녀온 사람들에게 새 삶의 기회를 주고 있는지, 외면하고 회피하는 것은 아닌지 생각해 보면 좋겠습니다.

    오늘은 한국법무보호복지공단 대구지부에서 출소자들에게 도움을 주는 분들과 함께하며 궁금한 것을 나누어 보겠습니다.

Q. 안녕하십니까. 소개를 부탁드립니다.

A. 네, 안녕하세요. 한국법무보호복지공단 대구지부에서 직업훈련과 취업알선 업무를 하는 신정애 주임과 같은 지부에서 허그일자리지원 프로그램을 담당하는 양호영 주임입니다.

Q. 한국법무보호복지공단은 어떤 기관이고, 어떤 일을 하는지 소개 부탁드립니다.

A. 한국법무보호복지공단은 법무부 산하 공공기관으로 법무보호대상자의 건전한 사회복귀를 촉진하기 위해 생활 지원 취업 지원, 가족 지원, 상담 지원 등 다양한 법무보호복지 사업을 실시하고 있습니다.

Q. 교도소 수용자들에게 가장 필요한 것은 무엇입니까?

A. 수용자들의 새로운 삶에 꼭 필요한 것은 안정적인 일자리에 취업할 수 있도록 도움을 주는 취업지원사업이라고 생각합니다. 취업을 통해 삶의 기본이 되는 의식주가 안정되고, 회사에서 부여받는 직급과 직무를 통해 자존감 회복은 물론 책임감도 가질 수 있습니다. 이를 통해 사회에 안전하게 복귀하게 되고, 재범 방지의 효과가 나타나게 됩니다.

또한 법무보호대상자들이 안전하게 사회로 복귀하는데

필요한 것은 관계 회복이라고 볼 수 있습니다. 자신과의 관계 회복, 가족 간 관계 회복 그리고 직장, 친구, 지인 등 지역 사회와의 관계 회복이 필요하다고 생각합니다. 이에 공단은 보호 대상자 개인을 중심으로 지원하는 사업에서 한 단계 더 발전하여, 가족지원 사업 등 다양한 형태로 지원을 해나가고 있습니다. 보호대상자가 취업에 성공하여 자신의 삶을 잘 꾸려나가고, 또 가족들과 함께 행복하게 살아갈 수 있도록 끊임없이 연구하고 지원할 것입니다.

Q. 수용자들이 출소하여 재범하는 이유가 대부분 경제적인 문제라고 생각되는데요, 공단에서는 출소하신 분들에게 주로 어떤 도움을 주고 있는지 궁금합니다.

A. 자립 의지는 있으나 경제적 여건이 취약하여 생계 곤란 등의 어려움을 겪고 있는 대상자에게 적정한 경제적 지원을 통해 건전한 사회복귀를 돕고 있습니다.

부상이나 질병 등으로 원호가 필요하다고 판단되는 대상자에게는 생계비 및 구호양곡을 지원할 수 있으며, 직업훈련 입교자 중 경제적 여건이 취약하여 훈련 교육 수강에 어려움을 겪는 경우 또는 취업 1개월 이내 대상자가 첫 급여를 받을 때까지 출퇴근 교통비를 지원하여 근로 활동을 이어갈 수 있도록 지원하고 있습니다. 또한 공단에서 숙식 지원을 받는 보호대상자에게는 구직활동을 하는 동안 1회에 한하여 기초 생활비를 지원할 수 있습니다.

Q. 수용자들이 공단을 통하여 도움을 받고자 한다면 어떻게 해야 하나요.

A. 출소 후 출소증명서, 신분증을 가지고 공단에 방문하게 되면 개별 사전상담을 진행합니다. 개인별 필요한 사업을 연계하여 담당자와 집중상담을 하고, 법무보호대상자로 선정되면 도움을 받을 수 있습니다.

Q. 허그일자리지원 프로그램이 있는데 이 프로그램은 어떤 것인지 궁금합니다.

A. 허그일자리지원 프로그램은 단계별로 구성되어 있으며 취업에 어려움을 겪는 출소예정자, 보호관찰대상자에게 개인별로 적절한 취업지원 서비스를 제공하는 사업입니다.

1단계 취업설계단계는 취업상담 및 직업심리검사 등을 통해 개인의 취업역량, 적성 등을 진단하며, 집단상담을 통해 취업의욕을 높이고 개인별 특성을 고려하여 취업활동을 계획합니다.

2단계 직업능력개발은 대상자들이 취업에 필요한 직무를 습득하고 자신감을 회복할 수 있도록 교육비 최대 300만 원 한도 내에서 직업훈련을 지원받을 수 있게 합니다.

　3단계 취업성공단계는 구인정보제공, 동행면접, 구직클리닉 등 취업에 필요한 취업지원 서비스를 개별참여자 특성에 맞춰 제공하게 됩니다.

　4단계는 취업 후 사후관리 단계로 4대 보험 가입이 되는 안정된 일자리에 취업한 참여자에게 장기근속 장려를 위해 취업성공 수당이 1년 동안 지급됩니다.

　Q. 출소하신 분들이 취업할 때 꼭 필요한 조건이 있는지 궁금합니다.

　A. 교정시설 내에서 허그일자리지원 프로그램에 참여한 대상자는 취업상담 및 직업심리검사를 통해 개인별 취업활동 계획을 수립하였기에 담당자와 함께 희망분야의 구인처를 찾고 이력서를 작성할 수 있도록 도움을 드리고 있습니다. 취업을 희망하는 대상자는 적극적인 자세로 취업하고자 하는 마음을 가지고 방문하시면 됩니다. 또한 공단 MOU 업체에 취업하게 되면 취업 중 일어날 수 있는 절도, 강도, 횡령 등의 피해를 보상하기 위하여 신원보증보험에 가입할 수 있도록 추진하

고 있습니다.

Q. 공단의 도움을 받아 자격증을 취득한 사람이 취업하거나 창업을 할 때 어떤 도움을 주고 있는지 궁금합니다.

A. 공단의 취업지원사업인 허그일자리지원 프로그램에 참여한 대상자가 주 30시간 이상의 일자리이며, 고용보험 적용대상일 경우 또는 참여자가 사업자(개인 및 법인)를 등록하고 일정 기간 등록상태 유지를 하였을 경우, 취(창)업 후 근속 1, 3, 6, 12개월이 되는 때에 20, 50, 50, 60만 원을 지원받을 수 있습니다

Q. 출소하면 출소자 만기교육 때 공단에서 여러 가지 교육을 하고 있습니다. 출소하신 분 중에 공단을 찾아서 도움을 받는 사람이 많은 지 궁금합니다.

A. 2018년 공단 전체 사업계획 인원은 9만 4천 명이었고, 실제 수혜자는 9만 7천 명입니다. 계획 인원보다 더 많은 분에게 서비스를 제공하기 위해 노력한 결과라고 볼 수 있습니다.

작년 대구지부의 경우 6천 명 이상이 공단의 서비스를 받았습니다. 올해의 경우, 공단 사업계획 인원은 10만 명, 대구지부의 경우는 6천 8백 명입니다. 매년 사업계획 인원이 늘어

나고 있고, 실질적인 수혜자가 더 늘어날 수 있도록 대국민 홍보를 진행하고 있습니다. 전 국민이 알 수 있도록 역사관을 건립하였고, 홍보대사 위촉 및 간담회 개최, 법무보호사업 홍보 영상 및 홍보 인쇄물을 제작·배포하였으며, 법무보호의 날 행사 개최, '아름다운 동행'이라는 공단의 노래 활용 등 다양한 홍보를 진행하고 있습니다.

사실 보호대상자의 접근성이 가장 높은 사업은 원호지원사업이라고 볼 수 있습니다. 부상·질병 등으로 경제적 원호가 필요하다고 판단되는 대상자에게 생계비 및 구호양곡을 지원할 수 있는 제도입니다. 이 사업의 경우, 각 지역 독지가들의 후원을 받아서 지원하고 있기에 지부마다 지원내용이 다르고, 후원금이 없으면 지원을 할 수 없게 됩니다. 대구지부의 경우 원호지원금 10만 원과 양곡 20kg을 지원하고 있으나, 현실적으로 금액이 적어서 형편이 어려운 대상자에게 큰 도움이 되지는 않습니다.

보호대상자들이 공단을 통해 새 삶에 필요한 도움을 받기 위해서는 많은 분의 후원과 지원이 꼭 필요한 실정입니다.

Q. 교도소 안에 있는 수용자들이 보호복지공단에 있는 숙소에 들어가서 기술을 배우는 것은 하늘의 별 따기처럼 어

려운 일이라고 말하는 것을 여러 번 들었습니다. 왜 이런 이야기가 나오는 것이며 전국에 있는 공단의 숙소 현황은 어떻게 되는지 궁금합니다.

A. 법무보호복지공단은 본부 및 가족교육원을 포함하여 17개 지부, 7개 지소로 구성이 되어 있습니다. 청소년 전문 특화기관으로 서울 서부지소와 전남 동부지소는 남자 청소년이 숙식을 지원받고 있으며, 광주남부지소는 여자 청소년이 지원받고 있습니다. 대구지부의 경우 숙식 수용 적정인원이 36명이며, 현재 31명이 생활하고 있습니다. 지소의 경우에는 생활관 시설이 작아 지부보다 수용인원이 적은 실정입니다.

지역 특화산업에 기반을 둔 기술교육원은 7개 기관이 운영되고 있으며, 보호대상자를 대상으로 교육하여 전문 자격증 취득을 도와 취업률 제고와 성공적인 사회복귀를 위해 힘쓰고 있어 보호대상자에게 큰 인기를 얻고 있습니다.

인천과 울산기술교육원은 조선용접과 특수용접의 기술을 습득할 수 있으며, 여성기술교육원은 바리스타, 제과 제빵, 홈패션 등 여성특화 직업 능력 개발을 위해 힘쓰고 있습니다. 전북기술교육원은 특용작물재배, 농기계 운전 및 정비 교육을 하고 있으며, 경남기술교육원은 CNC, MCT 자격증 및 실무 과정을 교육하고 있습니다. 또한 충남기술교육원은 자동

차정비, 지게차운전자격 취득에 힘쓰고 있으며, 경북기술교육원은 전기기능사, 전기실무 등 기업이 원하는 교과 및 실무 중심으로 교육을 제공하고 있습니다.

Q. 출소자의 새 삶을 위해 도와주는 일을 공단에서만 하는 것은 한계가 있다고 생각합니다. 일반인이나 사업을 하는 분들이 동참하는 것은 어떨까요?

A. 요즘은 인력난, 구인난의 심화로 업체는 업체대로, 구직자는 구직자대로 어려움이 많은 시기입니다. 올해부터 새롭게 시행되는 취업조건부 가석방제도는 취업 의지가 높은 모범수형자를 검증한 후 교정 내에서 채용희망업체와 채용약정을 체결합니다. 그 후 출소하여 가석방 기간 동안 업체에서 근무하는 제도입니다. 이런 좋은 제도가 잘 홍보되어 많은 사업체에서 동참해주신다면 국가 경제 발전에도 이바지할 수 있을 것이며, 출소자를 보는 사회적 시선도 좋아지는 계기가 될 수 있을 것입니다.

Q. 끝으로 방송을 듣는 분들에게 하시고 싶은 말씀을 부탁드립니다.

A. 연평균 6만 명 이상이 사회로 복귀하고 있는 법무보호

대상자들은 더 이상 감추고 덮을 대상이 아니라, 더불어 살아가야 할 우리의 가까운 이웃입니다. 이러한 시대적 요청에 부응해 온 공단은 앞으로도 법무보호대상자를 위한 일자리 창출에 더욱 매진하고, 자원봉사자의 활동참여를 높일 것입니다. 가정지원사업과 기술교육원의 지속적 설립과 운영에 힘쓰며, 효율적 취업지원체계 확립 등을 통해 법무보호복지서비스의 질적 향상을 이루어 갈 것입니다. 아울러, 밖으로는 적극적인 홍보를 하여 국민적 동참과 지지 기반을 공고히 하고, 안으로는 직원들의 전문화와 교육기회의 확대를 위해 힘쓸 것입니다.

피해자와 가해자를 용서와 화해의 길로 이끌어 가는 일, 나아가 모든 국민이 평등하고 자유롭게 행복을 추구할 권리를 이 땅에서 실현하는 일, 더불어 살아가는 세상을 만드는 일, 이러한 일을 위해서 한국법무보호복지공단과 공단 직원은 최선을 다해 노력하겠습니다.

" 지금까지 한국법무보호복지공단 대구지부에서 출소한 분들의 취업알선을 하는 신정애 주임과 허그일자리지원 프로그램을 진행하는 양호영 주임과 함께 하였습니다. 한국법무보호복지공단이 출소한 분들의 새 삶에 많은 도움이 되었으면 좋겠습니다. "

한국법무보호복지공단의 다양한 보호복지사업

O 생활 지원(숙식 제공, 원호지원, 기타 자립 지원)
- 숙식 제공: 최대 2년간 생활관 시설 거주 시 숙소·음식물 및 의복 등 제공
- 원호지원: 질병, 실직 등으로 어려움을 겪는 생계곤란자 치료교통비, 구호양곡 등 지원
- 기타 자립 지원: 타 보호시설에 위탁알선, 주민가족관계 등록, 입양 및 의료 시혜 등 보호대상자의 자립을 위하여 필요한 사항 지원

O 취업지원(직업훈련, 허그일자리지원, 창업지원)
- 직업훈련: 취업에 필요한 기술훈련 및 자격취득 교육 실시
- 취업지원(허그일자리): 취업설계, 직업능력개발, 동행면접, 취업 후 적응까지 단계별 프로그램을 통한 종합적 취업지원
- 창업지원: 서민금융진흥원과 연계하여 창업에 필요한 임차보증금 최대 5천만 원 지원

O 가족지원(주거지원, 합동결혼식, 가족지원)
- 주거지원: LH 연계, 부양가족이 있는 생계 곤란 무주택자에게 임차주택을 저렴하게 지원(최장 10년)
- 합동결혼식: 사실혼 관계에 있으나 경제적 어려움으로 결혼식을 올리지 못한 부부를 위해 무료 합동 결혼 거행, 각종 후원 물품 지원
- 가족지원: 보호대상자 가정의 심리적 어려움을 다루고, 구성원 간의 유대 관계 회복 및 가족 기능 강화를 돕는 통합지원프로그램 실시(가족 상담 및 교육, 문화체험, 자녀학업지원)

O 상담 지원(출소예정자 사전상담, 사회성 향상교육, 멘토링 및 사후관리지원)
- 사전상담: 출소예정자에게 출소 후 지원사업을 안내, 자립대책 마련 상담
- 사회성 향상교육: 분노조절, 대인관계, 문화체험 등 다양한 프로그램 진행
- 멘토링 및 사후관리지원: 지원서비스를 받은 보호대상자의 건전한 사회 복귀를 위해 월 1회 멘토링 실시

4부

말씀이 선포되다

한국기독교탈북민
정착지원협의회 주최
탈북민 정착 세미나

　　경북북부제2교도소 종교위원이며, 포항극동방송에서
교정전문프로그램 "아름다운 고백"을 진행하는 이기학 목사
입니다.

　　우리가 같이 한번 생각해 보고 싶은 것은 "북한이탈주민
의 출소 후 삶의 질"입니다. 지금 이탈주민은 3만 3천 명이 약
간 안 되는 것으로 알고 있습니다. 2019년 1월 말 기준으로 보
면 이탈주민 수용자는 총 140명입니다. 이 중에 기결 90명이
고, 미결은 50명입니다. 남자는 114명이고 여자는 26명입니다.
30~40대가 87명으로 절반이 넘습니다. 눈여겨볼 것은 마약
범이 50명이나 된다는 것입니다. 전체의 3분의 1이 넘는 숫자
입니다. 그렇다면 이탈주민들이 마약을 이렇게 많이 하는 이

유가 무엇일까요? 이들은 대부분 북한에 있을 때 마약을 했는데, 마약을 치료제로 알고 있기 때문이라고 합니다. 열악한 의료환경에서 아이가 설사해도 아편을 사용하고, 감기 걸리거나 이가 썩어도 아편을 태워서 사용할 정도니 아편은 마약이 아니고 치료제라는 인식이 있는 것입니다. 더욱이 범죄라는 사실을 전혀 생각하지 않는다는 것입니다.

이탈주민들이 법을 지키지 않는 이유를 말하려는 것은 아닙니다. 이탈주민들에게 가장 시급한 문제를 이야기하고자 합니다. 출소 후 '삶의 질'에 관한 것입니다. 교정사역에 있어 가장 중요한 것은 수용 생활을 도와주는 것도 있지만, 그보다 더 중요한 것은 복음을 전하여 주님을 인격적으로 만나게 하는 것입니다. 그리고 출소 후 이들이 믿음을 지키고 사회에 잘 적응하도록 하는 것입니다.

일반적으로 출소자들을 도와주는 곳은 한국법무보호복지공단이 있습니다. 이탈주민들은 남북하나재단에서도 출소자들을 도와주기 위해 법무보호복지공단과 비슷한 일을 준비하는 것으로 알고 있습니다. 한국법무보호복지공단은 출소자들에게 숙식 제공, 원호 지원, 기타 자립지원을 하고 있습니다. 숙식 제공은 최대 2년 동안 생활관의 숙소와 음식물 및 의복 등을 제공합니다. 원호 지원은 질병이나 실직 등으로 생계의 어려움을 겪는 이들의 치료비, 교통비, 구호양곡 등을 지원하고, 취업지원은 허그일자리지원, 창업지원을 하고 있습니다. 특히 숙소에서 생활하면서 기술을 배우고 자격증을 취득하도록 도와주고 있으며, 자격증 취득 후 취업도 알선하고 있습니다. 창업지원도 서민금융진흥원과 연계하여 창업에 필요한 임차보증금을 최대 5천만 원까지 지원하기도 합니다.

그런데 문제는 법무보호복지공단의 이런 프로그램은 이탈주민들에게는 높은 벽처럼 느껴진다는 것입니다. 지금 이탈주민 수용자들에게 가장 시급한 문제는 출소 후 경제적인 문제입니다. 물론 출소증을 가지고 주민센터나 구청, 시청에 있는 사회복지과에서 도움을 청하면 긴급지원을 3개월간 받을 수 있습니다. 그러나 가족이 없는 분들은 주거의 문제가 심각하고, 경제적인 문제가 지속해서 발생하게 된다는 현실적인 문제가 있습니다. 그러면 거주지가 있고 쉼터에 있는 분들의 생활은 안정적인가 하는 생각을 해보지만, 모두가 알다시피 그렇지 않다는 것입니다. 이는 이탈주민들에게도 아주 심각한 문제이기도 합니다.

이탈주민 수용자 중에서 거주지가 있는 사람은 약간의 도움만 주면 독립하는 경우가 많이 있습니다. 문제는 가족이 없는 분들이 출소 후 겪는 주거지 문제가 심각하다는 것입니다. 법무보호복지공단이나 지자체에서는 1인에게 주거지원을 하지 않습니다. 물론 영세주민에게는 지원합니다. 이탈주민들은 사각지대에 있는 미아와도 같은 것이 현실입니다. 전국적으로 출소자 쉼터는 무척 열악합니다. 그런데 더 열악한 것은 출소한 이탈주민의 쉼터입니다.

교정사역의 핵심은 재범을 방지하고 교도소에서 예수님을 인격적으로 영접하여 삶의 현장에서 그리스도인답게 살게 하는 것입니다. 그러기 위해서 교회나 성도님들의 집중적인 관심과 사랑 그리고 배려가 있어야 합니다. 그런데 지금 교회나 성도님들은 출소자들의 재활에 별 관심이 없고, 이탈주민 수용자들에 대해서는 더욱 관심이 없습니다. 우리는 이런 현실을 보고, 교회와 성도님들을 설득하여 관심을 보이게 해야 합니다. 왜냐면 교회와 성도들이 협력하지 않으면 출소한 이탈주민들의 손을 잡아 줄 곳이 없기 때문입니다. 교도소에서 예수님의 사랑을 체험한 이들에게 교회와 성도의 따뜻함을 건네야 할 것은 우리의 몫입니다. 그리스도의 사랑으로 믿음 안에 머물게 해야 합니다.

저는 앞으로 한정협이 이탈주민 출소자에 대해서 많은 준비를 해 주셨으면 합니다. 먼저 한정협에서 남북하나재단이 법무보호복지공단과 출소자 생활을 위해 협업했으면 합니다. 두 번째는 교도소 측과 수형자 현황 상태에 관한 정보 교류가 있어야 한다고 생각합니다. 그리고 출소 전 상담할 때 인격적인 교제가 잘 이루어져야 합니다. 많은 수용자가 수용 생활의 편안함을 위해 종교를 이용하는 경향이 있습니다. 그러므로 표면적으로 드러나는 것이 아닌 내면의 상태를 볼 수 있어야 합니다. 복음 안에서 믿음의 교제가 있도록 힘써야 합니다. 또한 교정 사역을 하시는 분 중에 쉼터를 운영하거나 사업하는 분들이 있다면 서류 작성을 분명하게 해야 합니다. 약정서를 작성하고 쉼터에 머물게 하거나 계약에 따라 직장생활을 하도록 해야 합니다. 주민센터 또는 지구대와 밀접한 관계를 유지하는 것도 중요합니다.

교정 사역은 자선 사업이 아닙니다. 한 영혼을 하나님께 인도하는 징검다리 사역이라고 봅니다. 그러므로 조건 없는 도움보다는 스스로 일어나도록 격려하고 배려하는 가운데 도와줄 수 있어야 합니다. 특히 이탈주민들은 목숨을 걸고 온 사람들입니다. 그들에게 예수 그리스도의 사랑과 평안을 알게 하는 것이 중요합니다. 그로 인해 이 땅에 살게 하신 하나님을 발견하도록 해야 합니다. 그것이 진정으로 돕는 길이고, 생명을 지키는 길입니다.

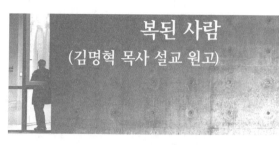

복된 사람
(김명혁 목사 설교 원고)

제목: 복된 사람

본문: 요한복음 4장 28절~30절, 누가복음 19장 9절

설교자: 김명혁 목사(강변교회 원로 목사)

2019년 6월 경북북부제2교도소(구 청송 제2교도소)에서 설교한 내용입니다.

"여자가 물동이를 버려 두고 동네로 들어가서 사람들에게 이르되 내가 행한 모든 일을 내게 말한 사람을 와서 보라 이는 그리스도가 아니냐 하니 그들이 동네에서 나와 예수께로 오더라"(요 4:28-30)

"예수께서 이르시되 오늘 구원이 이 집에 이르렀으니 이 사람도 아브라함의 자손임이로다"(눅 19:9)

저는 죄와 허물밖에 없는 죄인인데 자비와 사랑과 은혜가 풍성하신 하나님께서 부족한 저를 인도해 주셨습니다. 11살 어린아이 때부터 부모님과 고향을 떠나 고아와 나그네의 모습으로 한평생 슬픔과 아픔, 외로움이 가득한 삶을 살아왔습니다. 하지만 하나님의 일꾼으로 부름을 받고 사는 지금은 여기저기로 다니며 복음을 전하고, 넉넉하게 입혀주시는 은혜로 풍성한 삶을 누리고 있습니다. 12년 동안 미국에서 유학 생활을 하고 귀국해서 교수와 목회자의 삶을 살았습니다. 은퇴 후 지난 11년 동안에도 매 주일 전국의 교회들을 방문하여 설교하고 있으며, 주중에도 복음이 필요한 곳에 다니며 강의하고 있습니다. 그저 감사와 기쁨이 넘치는 행복한 삶을 살게 되었다고 고백할 수밖에 없습니다.

오늘은 여러분과 함께 "복된 사람"이라는 제목으로 하나님의 은혜를 나누려고 합니다.
저와 여러분을 포함해서 이 세상 모든 사람은 죄와 허물투성이로 살아가고 있습니다. 그래서 심판과 저주 아래서 사는 것이 마땅하지만, 하나님의 긍휼과 자비와 사랑은 우리를 구원하시고 은혜 안에서 살게 하셨습니다. 성경은 이런 이야기를 기록하고 있습니다. 이제 성경에 나오는 많은 이야기 중 세 명의 이야기를 하려고 합니다.

첫째, "사마리아 수가 성에 살던 한 여자"의 삶이 변화된 이야기가 있습니다. 요한복음 4장에 보면 사마리아 수가 성에 세상을 등지고 불행하게 살아가는 여자가 있습니다. 남편이 다섯이나 있었고 지금 있는 사람도 남편이 아니라고 말씀하고 있습니다. 그 여자는 사람들의 눈을 피해 살았습니다. 사람들이 오지 않는 정오 시간에 우물을 길어가곤 했습니다. 그런 여자가 예수님을 만났습니다. 아니 예수님께서 그 여자를 만나주셨습니다. 그래서 그 여자의 삶이 변화되었습니다. 불행한 여자가 "복된 사람"으로 변화되었습니다.

사마리아 수가 성 여자를 찾아가신 예수님의 모습은 천사의 모습이 아니었습니다. 여행으로 피곤하여 지친 사람의 모습이었습니다.

"예수께서 길 가시다가 피곤하여 우물 곁에 그대로 앉으시니"(요 4:6)

예수님은 정오 시간에 피곤한 모습으로 우물가에 앉아

계셨습니다. 그리고 여자가 우물을 길러 오자 물을 좀 달라고 말씀하셨습니다. 여자는 물을 달라는 예수님의 말에 예민한 반응을 보이며 대답했습니다.

"당신은 유대인으로서 어찌하여 사마리아 여자인 나에게 물을 달라 하나이까"(요 4:9)

당시 유대 사람은 사마리아 사람과 말을 섞거나 어울리지 않았습니다. 예수님은 그 여자의 태도에 개의치 않으시고 대화를 하셨습니다.

"네가 만일 하나님의 선물과 또 네게 물 좀 달라 하는 이가 누구인 줄 알았더라면 네가 그에게 구하였을 것이요 그가 생수를 네게 주었으리라"(요 4:10)

여자는 예수님이 말하는 의미를 알아채지 못했습니다. 예수님은 계속 말씀하셨습니다.

"이 물을 마시는 자마다 다시 목마르려니와 내가 주는 물을 마시는 자는 영원히 목마르지 아니하리니"(요 4:13-14)

예수님은 당신이 메시아라는 사실을 말씀하셨습니다. 수가 성 여자는 메시아를 만난 것입니다. 죄를 사하시고 생명을 주시는 분 말입니다. 이제 사마리아 여인은 새로운 존재로 바뀌었습니다. 그의 삶과 운명에 변화가 일어났습니다. 메시아를 만난 여자는 그대로 앉아 있을 수가 없었습니다. 피해 다녔던 수가 성 사람들에게로 갔습니다. 그들에게 그리스도를 전했습니다.

"여자가 물동이를 버려 두고 동네로 들어가서 사람들에게 이르되 내가 행한 모든 일을 내게 말한 사람을 와서 보라 이는 그리스도가 아니냐"(요 4:28-29)

수가 성 사람들이 예수님께로 나왔습니다. 수가 성에 복음의 역사가 일어난 것입니다. 부도덕하고 불행한 여자가 예수를 만남으로 영원히 목마르지 않을 생수, 곧 영원한 생명을 얻었고, 사람들에게 복음을 전하는 "복된 사람"이 되었습니다.

둘째, "세리장 삭개오"의 삶이 변화된 이야기가 있습니다. 누가복음 19장에는 여리고에 사는 삭개오라는 세리장이 있었습니다. 그는 세리장이라는 직위를 이용해서 부정부패를 저질렀고, 부자가 되었습니다. 많은 사람이 삭개오를 미워하고 멸시했습니다. 그런 삭개오가 예수님의 이야기를 들었습니다. 삭개오는 예수님을 만나고 싶다는 마음이 생겼을 것입니다.

"예수께서 여리고로 들어가 지나가시더라"(눅 19:1)

예수님이 여리고로 들어오신다는 소식을 들은 삭개오는 예수님을 만나고 싶어서 예수님이 지나가시는 길로 달려갔습니다. 그리고 뽕나무에 올라갔습니다. 뽕나무 위에서 예수님이 지나가기를 기다렸습니다. 그런데 놀라운 일이 일어났습니다. 예수님이 뽕나무에 있는 삭개오를 쳐다보며 내려오라고 하셨습니다. 그리고 집에 머물겠다고 하셨습니다.

"예수께서 그 곳에 이르사 쳐다 보시고 이르시되 삭개오야 속히 내려오라 내가 오늘 네 집에 유하여야 하겠다 하시니"(눅 19:15)

모두가 미워하는 삭개오를 예수님은 따뜻하게 부르고, 그와 함께하겠다고 말씀하셨습니다. 삭개오가 무엇을 했기에 그런 것이 아니라 오직 예수님의 사랑이 그에게 임한 것입니다. 많은 사람이 예수님과 삭개오를 못마땅하게 여기며 수군거렸지만, 삭개오는 개의치 않고 예수님께 자기의 죄를 고백하고 회개했습니다. 그동안 남을 속여 돈을 빼앗은 일이 있다면 네 배로 갚겠다고 약속했습니다. 바로 그때 예수님은 놀라운 축복의 말씀을 하셨습니다.

"오늘 구원이 이 집에 이르렀으니 이 사람도 아브라함의 자손임이로다"(눅 19:9)

구원의 은혜가 세리장 삭개오에게 임한 것이었습니다. 예수님을 만남으로 삶의 변화가 일어난 것이었습니다. 성자 예수님의 긍휼과 자비한 사랑이 그의 삶을 바꾸어 은혜의 사람, "복된 사람"이 되었습니다.

셋째, "죄인인 한 여자의 삶"이 변화된 이야기가 있습니다. 누가복음 7장 36절부터는 죄인인 한 여자 이야기가 기록되어 있습니다. 어떤 죄를 지었는지는 기록되어 있지 않아서 알 수 없으나 동네에서는 죄인으로 소문난 사람이었습니다.

"죄인인 한 여자"는 바리새인의 집에 들어가서 예수님의 발 곁에 서서 눈물로 그 발을 적시고, 자기 머리털로 닦고 그 발에 입맞추고 향유를 부었습니다.

"그 동네에 죄를 지은 한 여자가 있어 예수께서 바리새인의 집에 앉아 계심을 알고 향유 담은 옥합을 가지고 와서 예수의 뒤로 그 발 곁에 서서 울며 눈물로 그 발을 적시고 자기 머리털로 닦고 그 발에 입맞추고 향유를 부으니"(눅 7:37-38)

여자의 행동에 바리새인들은 못마땅했습니다. 그러나 예수님은 그가 자신의 죄가 얼마나 큰지 알기에 그렇게 행동했다고 말씀하셨습니다. 오히려 자기의 죄를 깨닫지 못하는 바리새인들을 책망하시며 말씀하신 것입니다.

"여자에게 이르시되 네 죄 사함을 받았느니라 하시니"(눅 7:48)

자기의 죄를 알고 고백한 여자의 죄를 예수님이 용서하셨습니다. 성경은 예수님이 의인이 아닌 죄인을 부르러 오셨다는 것을 말씀하고 있습니다.

우리가 성경을 통해 살펴본 세 사람은 특별한 사람이 아닙니다. 우리와 같이 모두가 죄인의 모습으로 살았던 사람입니다. 어쩌면 모두 불행한 삶을 살았던 사람이었을 것입니다. 그러나 그들 모두가 "복된 사람"으로 변화되었습니다. 그들에게 있는 몇 가지 공통점을 살펴보면 다음과 같습니다.

첫째는 자신이 죄인이라는 사실을 인정하고 "회개의 고백"을 했습니다. 내가 죄인이라는 것을 알 때 구원이 필요한 것입니다.

둘째는 예수님이 우리의 죄를 사하시는 구주라는 것을 믿는 "믿음의 고백"을 했습니다. 예수님은 하나님의 아들로 이 땅에 오신 하나님이심을 믿은 것입니다. 오직 예수님을 믿음으로 구원을 받는다는 사실을 알았기에 예수님께 나아갈 수 있었던 것입니다. "주님"이라고, 나의 주인이 되시는 분이라고 고백할 수 있었던 것입니다.

셋째는 주님과 이웃을 사랑하는 "사랑의 삶"을 살기로 했습니다. 성경은 하나님을 사랑하고 섬기며, 이웃을 사랑하라고 말씀하고 있습니다. 그것은 믿는 사람에게 주어진 하나님의 명령입니다. 구원을 받고 하나님의 자녀가 된 사람은 이러한 하나님의 뜻을 깨닫고 따라야만 하는 것입니다. 여기서 중요한 것은 우리가 열심히 사랑한다고 해서 예수님의 자녀가 되고, 구원을 받는 것이 아니라는 것입니다. 예수님이 우리를 구원하셨기에 우리가 하나님의 말씀을 따라서 이웃을 사랑하는 것입니다. 구원을 받은 우리가 열심히 이웃을 사랑하는 것입니다. 예수님은 이렇게 말씀하셨습니다.

"새 계명을 너희에게 주노니 서로 사랑하라 내가 너희를 사한 것 같이 너희도 서로 사랑하라"(요 13:34)

우리가 비록 죄인의 모습이지만 예수님은 우리를 사랑하신다고 말씀하십니다. 하나님의 긍휼과 자비하신 사랑이 우리에게 새로운 생명을 주십니다. 그러니 우리의 죄를 깨닫고, 구원하시는 주님을 굳게 믿고 살았으면 좋겠습니다. 새로운 생명을 주신 은혜에 감사하며 새로운 삶을 살기로 다짐하는 형제자매가 되기를, 우리를 "복된 사람"으로 변화시키실 주님을 기대하며 살기를 소망합니다. 모두를 축복합니다.

5부

계속되고, 계속되어야 하는 일

한 줌 햇살을 전하는 사역

    교정 사역은 많은 시간이 필요하다. 한두 번으로 끝나는 일이 아니기에 조금씩 그리고 천천히 사랑을 전해야 한다. 그렇기에 인내가 필요한 사역이다.

    뭔가 조금 된 것 같다가도 금방 허물어지는 것을 생각하면 언제나 조심스럽다. 그래도 이 사역을 끊임없이 해야 하는 이유는 분명하다. 예수님도 우리에게 그렇게 하셨기 때문이다. 멀리 있는 누군가를 쳐다볼 게 아니다. 바로 나를 돌아봐도 그렇다. 그렇기에 조급해하지 말아야 한다.

    수용자들의 생각과 환경은 극단적이고 냉소적일 수밖에 없다. 자기만의 생각으로 살고 있기에 더 그럴 것이다. 그런 곳에 한 줌 햇살이 비추듯 꾸준히 사랑의 햇살을 비춰주어야 한다. 복음이 들어 있는 사랑이야말로 극단적인 생각, 자기만의 세계에 빠져있는 이들에게 좀 더 따뜻하고 소망이 있는 세상이 있다는 것을 보여줄수 있기 때문이다. 그것을 보았을 때 삶의 변화가 일어난다.

누군가는 교정 사역을 아주 거창한 것이라 여길 수 있지만, 지금 내가 하는 사역은 아무것도 없는 캄캄한 곳에 작은 햇살 한 줌을 넣어 주는 것이다. 그 햇살에 반응하고, 햇살 가득한 곳으로 나아오게 하는 하나님을 소개하는 것이다.

나는 이 일을 계속할 것이다. 이 일은 끊임없이 이어질 것이다. 그리고 이 일은 끊임없이 이어져야 한다. 내가 아닌 다른 사람을 통하여서 계속되어야 한다. 소위 '교도소 목사'라는 별칭이 나 하나로 끝나지 않고, 제2, 제3의 교도소 목사가 계속 나왔으면 좋겠다. 그것이 복음을 전하는 우리의 진정한 모습이기 때문이다.

마지막으로 수용자 형제의 편지를 소개하며 마치려 한다. 하나님을 멀리했던 그에게 전해진 사랑이 허물어지지 않고 싹이 피고, 열매가 맺기를 모두가 함께 기도해 주기를 바란다.

이 세상에 태어나서 처음으로 목사님에게 글을 적어봅니다.

얼굴도 모르는 목사님께 먼저 감사의 마음을 전해드립니다. 저는 가슴이 터질 것 같은 마음을 적어보고, 터질 듯한 마음을 글로써 억제하려고 이렇게 한번 글로 옮겨 보았습니다.

목사님! 저는 정성이 담긴 내용의 편지와 함께 주신 봉투에 관하여 뭐라 감사를 표현할지 도통 모르겠습니다. 정말 처음이라 무슨 말부터 이어 나가야 하는지 생각도 나지 않습니다. 또 한편으로는 부끄러운 생각마저 듭니다.

지금 온 천하에 내가 지은 부끄러운 일을 공개한 것 같아서 마음이 너무 많이 아프고 아픕니다. 하지만 못난 이 몸을 이해하시고 격려를 아끼지 않은 분께 이렇게 글로나마 감사의 마음을 전합니다.

목사님, 너무너무 감사합니다.

아무쪼록 목사님의 정성을 생각해서 헛되이 살지 않을 것을 한번 더 다짐해 봅니다.

저는 지금까지 교회를 가보지 못했습니다. 하지만 하나님이 있다는 이야기는 많이 들었습니다. 언제나 터질 듯한 가슴을 억제하고 싶을 때는 머나먼 하늘을 바라봤습니다. 그때 저 높은 하늘에서 하나님은 우리를 보고 계실까 하는 생각을 할 때가 한두 번이 아니었습니다. 먼 훗날 하늘을 우러러 한 점 부끄러움 없이 살아가려고 노력하면서 열심히 살아왔다고 생각하는데, 현재 생활은 본의 아니게 차디찬 암흑의 세계에 사는 것 같아서 하늘에 부끄러움을 느낄 때가 많습니다.

목사님, 여기 못난 이 사람도 하나님께 기도하고 좀 더 가벼운 마음으로 살아갈 수 있겠는지요?

어쩌다 하루아침에 이런 신세가 되었는지 도무지 알 수가 없습니다. 앞으로의 길도 어떻게 헤쳐 나가야 현명한 삶이 될지 걱정입니다. 하지만 끝까지 좌절하지 않고 노력하면서 인내하는 마음으로 열심히 살아가리라 다시 한번 다짐해 봅니다.

목사님, 지금 저의 마음을 뭐라 표현해야 할지 모르겠습니다.

보내주신 책의 내용을 살펴보니 '마음을 비워야', '열린 마음', '우리는 모두 경주자', '아직 주님을 알지 못하는 친구들에게' 등 이렇게 좋은 글들이 저의 마음에 전해왔습니다. 그런데도 아직은 세상에 대한 공포와 두려움을 떨쳐 버릴 수가 없는 게 사실입니다.

또 어떻게 살아야 주변 사람들 모두에게 실망을 주지 않고 신뢰할 만한 사람이 될 수 있을까 하는 생각이 항상 머릿속을 떠나지 않습니다. 그 모두를 잊으려고 아무 일이나 열심히 해 보지만 때로는 그 무엇인가가 오히려 무거운 짐이 되어 나의 가슴을 터지게 하기도 합니다.

목사님, 저는 무거운 짐을 버리고 가벼운 마음의 날개를 가지고 날갯짓할 수 있을까요? 아마도 이 소망은 헛된 꿈에 불과하겠지요? 목사님이 이야기한 예수님을 믿으면 가능할까요? 그렇다면 정말 좋겠습니다.

이제 보내주신 책 열심히 읽고, 교회도 한번 가보려고 합니다.

목사님 감사합니다.
여기 부족한 사람을 이해해주시고 언제나 밝은 웃음으로 대해주셔서 …

목사님, 언제나 건강하시기를 두 손 모아 빕니다.
그럼 내내 안녕히 계십시오.

그 말,
책임질 수 있는가

초판 1쇄 발행 　| 2021년 12월 8일

지 은 이 　| 이기학
펴 낸 곳 　| JC커뮤니케이션
등록번호 　| 제2007000035호(2007.4.24)
주　　소 　| 경기도 파주시 탄현면 하늘소로 16
전화번호 　| 031-946-1972
팩　　스 　| 02-6280-1793